성장하는 독자를 위한
5가지 문해력 수업

성장하는 독자를 위한
5가지 문해력 수업

깊이 읽고 제대로 이해하는 독서 전략

초 판 1쇄 2025년 03월 25일

지은이 조창훈
펴낸이 류종렬

펴낸곳 미다스북스
본부장 임종익
편집장 이다경, 김가영
디자인 윤가희, 임인영
책임진행 이예나, 김요섭, 안채원, 김은진, 장민주

등록 2001년 3월 21일 제2001-000040호
주소 서울시 마포구 양화로 133 서교타워 711호
전화 02) 322-7802~3
팩스 02) 6007-1845
블로그 http://blog.naver.com/midasbooks
전자주소 midasbooks@hanmail.net
페이스북 https://www.facebook.com/midasbooks425
인스타그램 https://www.instagram.com/midasbooks

ⓒ 조창훈, 미다스북스 2025, *Printed in Korea*.

ISBN 979-11-7355-159-8 03190

값 18,500원

미다스북스는 다음세대에게 필요한 지혜와 교양을 생각합니다.

성장하는 독자를 위한 5가지 문해력 수업

깊이 읽고 제대로 이해하는 독서 전략

조창훈 지음

미다스북스

서문

　나는 문해력 연구자이자 읽기 컨설턴트다. 사람이 글을 어떻게 읽고 이해하는가, 능숙한 독자는 어떻게 읽는가, 미숙한 독자는 어떻게 읽는가 등을 연구한다. 그리고 미숙한 독자가 성장하도록 돕는다. 미숙한 독자가 어떤 학습과 연습을 통해 능숙한 독자로 거듭날 수 있는가를 연구하고, 실험하고, 적용한다.

　읽기 컨설턴트로서 더 나은 읽기 능력이 필요한 사람을 돕는다. 나는 이들을 성장하는 독자라고 부른다. 더 잘 읽으려는 꿈을 꾸고 희망하기 때문이다. 그들은 20대부터 60대까지 다양한 연령과 상황에 놓여 있다. 그들은 직업적, 학업적 성취를 통해 도약하거나 독서를 통해 삶의 즐거움을 얻기를 원한다. 읽기 능력을 높여서 로스쿨에 진학하고자 하는 사람, 명문 대학교에서 서울대학교로 옮기려는 사람 등 최고의 자리를 원하는 사람이 있었던 반면, 불우한 환경에서 자라 어렵게 지내다가 안정된 직업을 갖기 위해 9급 공무원 시험을 준비 중인 사람도 있었다. 그들은 문해력 성장이라는 긴 계단 중에 높은 곳, 낮은 곳 등 각자 다른 곳에 있었지만, 모두 어떻게 하면 더 위로 올라갈 수 있는지 몰랐다는 점에선 같았다. 그들은 벽 앞에 놓인 것 같았다. 왜 그렇게 글을 더 잘 읽기란 어려운 걸까? 이 책을 집어든 사람들도 같은 고민을 하고 있으리라 생각한다.

글을 읽고 이해하는 과정과 능력은 매우 복잡하다. 이해에 도달하는 과정을 단순하게 설명할 수 없고, 이해하는 능력이 무엇이라고 간단히 말하기 어렵다. 또한 사람마다 능력, 지식, 경험이 다르다 보니 더 잘 읽고 이해하도록 돕는 과정이 다를 수밖에 없다. 지금까지는 글 이해의 복잡함과 독자의 다양성을 고려해서 케이스 바이 케이스(case by case; 사례별로)로 도움을 줄 수밖에 없다. 지금까지 대부분의 읽기 컨설팅이 일대일로 진행된 건 이런 이유에서였다.

하지만 많은 사람들에게 도움을 줄 수 없다는 건 해결해야 할 문제였다. 그래서 도움을 청하는 사람들에게 모든 것을 알려주겠다는 욕심을 버리고 가장 시급한 것, 가장 기본적인 것, 가장 중요한 것을 전달하기로 했다. 다양한 사람들이 각자의 한계와 어려움을 갖고 있지만 그것을 극복하기 위해 반드시 필요한 것에 집중하려고 한다. 그것은 '이해'다. 이해가 무엇인지 잘 아는 사람은 드물다. 지금까지 많은 것을 이해해왔지만 이해가 무엇인지 모르다보니 이해할 수 없는 글을 어떻게 이해하는지, 어떻게 이해할 수 있는 사람이 되는지는 모른다. 나는 사람들에게 이해가 무엇인지 알려주고, 이해하는 순간을 경험하게 해 주었다. 조금 과장하자면, 이해를 이해하는 순간은 마치 헬렌 켈러가 분수에서 쏟아지는 물을 맞고 있을 때 그의 손바닥에 앤 설리반이 '물'이라고 손가락으로 적어 준 것 같았다. 이해를 경험한 순간 성장하는 독자들은 깨달았다. "아, 독서는 이렇게 하는 것이군요." 이후로 헬렌 켈러가 많은 단어들을 익히고, 문장을 만드는 법을 익히고, 자신은 듣지 못하지만 소리, 음성이라는 것이 존재한다는 것도 알게 되는 과정 하나, 하나도 놀라운 깨달음의 연속이었을 것이다.

하지만 위인의 전기에는 생략된 것들이 많다. 상상해보자. 헬렌 켈러는 앤 설리반이 단 한 번 손바닥에 글씨를 써 주었을 때 말문이 트이듯 그것이 '물'이라는 걸 깨달을 수 있었을까? 그것이 방금 자신의 몸에 닿은 차갑고 흘러내리는 무엇에 관한 것이라는 것을? 사물에 이름이라는 것이 있다는 것을? 언어라는 것이 있어 그것으로 소통한다는 것을?

여러분이 이 책을 펼쳐 글을 잘 이해하는 법을 읽는다고 해서 '짠' 하고 한순간에 읽기 능력에 광명이 찾아오지는 않는다. 여러 가지 설명과 예를 읽고 거듭 생각해야 깨달을 수 있다. 5가지 수업들을 하나 하나 숙고하고, 반복하고, 실습해야 이해할 수 있다. 이해한 다음 자신의 것이 될 수 있도록 지속적으로 다양하게 적용해야 한다. 직접 스스로를 가르치고 훈련시켜야 한다.

시행착오는 학습의 자연스러운 과정이다. 다만 불필요한 시행착오를 피하기 위해 가장 먼저 적절한 책 한 권을 선택하는 법을 설명했다. 한 권의 책을 읽으면서 이 책에서 배우고 연습한 원리들을 적용할 수 있도록 했다. 독해의 핵심 원리들은 이해, 추론, 응집성이다. 이해가 이 책의 중심이며, 여러분의 목표는 이해다. 추론은 이해를 위한 핵심 사고다. '이해는 연결'이라고 말할 수 있는데, 추론으로 '응집성 있게 연결'된다. 간단히 말해서 이해-추론-응집성은 밀접하게 관련된 개념이다. 이해-추론-응집성이 읽는 기술, 사고 기술이라면 어휘력은 기술을 가능하게 하는 체력이라고 할 수 있다. 또한 어휘력을 쌓는 학습법과 이해-추론-응집성이라는 기술을 익히고 마음껏 사용하려면 '마음 읽기'가 필요하다. 모든 것이 마음에서 이루어지기 때문에 마음을 들여다볼 수 있고, 마음을 조절할 수 있어야 하기 때문이다. 이렇게 어휘력, 마음 읽기, 이해, 추론, 응집성을 배우고 연습하는 5가지 수업은 성장하는 독자가 '성공한 독자'가 되도록 도와줄 것이다.

목차

2부 성장하는 독자를 위한 5가지 문해력 수업

성장을 위한 준비,
문해력을 이해하자

1장

문해력 위기론, 정확히 짚어야 극복할 수 있다

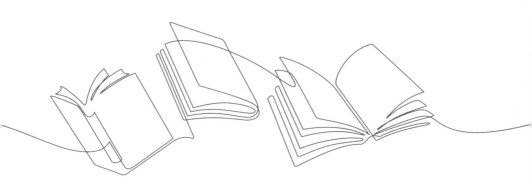

현재 문해력 위기에 대한 사회적 논의가

피상적인 사례 중심으로 이루어져 본질적인 문제를 놓치고 있다.

문해력을 단순한 어휘력 부족으로 치부하는 시각은,

실제로 많은 사람들이 겪는 독해력 문제의 복잡성을 간과하게 만들고,

효과적인 해결책을 찾는 데 장애가 된다.

1.

위기론 등장해도
달라진 건 없어

나는 글 이해(reading comprehension)를 연구하면서 십수 년간 사람들의 글 이해 능력을 향상시키는 일을 해왔다. '문해력의 벽'에 부딪쳐 슬퍼하는 많은 사람들을 만났다. 몇 해 전부터 '문해력이 위기'라는 신문 기사가 쏟아지기 시작했다. 문해력을 다루는 각종SNS의 콘텐츠 또한 넘치듯 쏟아져 나왔다. 이제는 문해력을 늘리는 데 도움이 된다는 책들이 여러 권 나오고 있다.

그동안 신문에서 '문해력'을 얼마나 다루었는지 검색을 해 보니 2019년에는 370건[1], 2020년에는 592건에 불과했다. 그런데 갑자기 2021년에는 1,072건으로 두 배 가까이 증가하더니, 2022년에는 2,241건

---

1   한국언론진흥재단 빅카인즈 검색 결과(bigkinds.or.kr)

으로 두 배 이상 증가했다. 아마도 EBS에서 방영한 〈당신의 문해력〉이란 프로그램이 큰 반향을 일으킨 것 같다. 2024년 동안 4,000건이 넘었으니 이제는 '문해력'이 큰 관심거리가 되었음을 알 수 있다.

나는 이렇게 문해력에 대한 관심이 커진 것이 너무나 기뻤다. 나는 사람들의 글 이해력이 다르고, 이것을 향상시키는 것이 매우 중요하다는 생각에 2008년부터 대학원에서 본격적으로 글 이해를 연구했다. 나는 읽기 컨설턴트(reading consultant)로 일하면서 문해력의 고민을 안고 살아온 많은 사람들을 만났다. 그들은 나에게 찾아와 '책을 읽기가 너무 힘들어요', '언젠가는 저도 책을 읽을 수 있을까요?'라며 한숨을 쉬었다. 내 앞에서 우는 사람도 여럿 있었다. 그들은 문해력에 대한 어려움이 있음을 입 밖으로 꺼낼 수 없었다. 가까운 사람에게 넌지시 고민을 이야기했다가 상처를 받은 사람들도 많았다. 사람들은 '네가 왜?'라든가 '열심히 안 해서 그렇겠지. 책을 읽어.' 등 별것 아닌 듯한 반응을 보였다.

각종 매체에서 문해력을 언급하는 상황은 나에게 큰 희망을 주었다. 많은 사람들이 문해력의 어려움을 극복하기 위해 노력하고 있음이 알려지기를 바랐다. 당사자들에게는 위안과 용기를 얻는 기회가 될 수 있다고 생각했다. 문해력의 문제가 공론화되면서 적절한 대처가 이어지리라 기대했다. 우리가 누구인가? 바로 위기 극복의 민족이 아닌가! 6.25 전쟁을 극복한 '한강의 기적'의 나라로 불렸고, 1997년 외환위기로 IMF로부터 빌린 차입금을 2년 만에 상환한 나라로 찬사를 받았다. 그러니 문해력 위기 또한 잘 극복할 수 있지 않을까?

하지만 아쉽고 안타깝게도, 문해력에 대한 관심은 여전하지만 여전히 올바른 방향으로 나아가고 있다는 생각은 들지 않는다. 조회수를 얻기 위한 화제성 기사나 콘텐츠로서 간간이 회자될 뿐이다. 문해력을 향한 진지한 관심은 여전히 부족한 것 같다. 문해력을 향상시키기 위한 활발한 움직임은 느껴지지 않는다. 잠시 우려하고, 조금만 탄식하고, 금방 잊고 지나가고 있다. 서툰 독자들은 여전히 헤매고 있다.

과거에 TV 프로그램을 통해 '독서'가 큰 반향을 일으킨 적이 있었다. 책을 읽는 인구가 줄었다는 우려 속에 MBC에서 〈책책책, 책을 읽읍시다〉라는 TV 프로그램을 방영하였다. 2001년도에 방영을 시작한 이 프로그램은 나름 큰 역할을 했다. 독서에 대한 주의를 환기시키고, 프로그램에서 방영된 여러 책들을 베스트셀러로 만들었다. 하지만 20여 년이 지난 지금까지 독서 인구는 여전히 감소하고 있다. 이 프로그램이 2025년에 다시 부활했다는 건 그만큼 책을 읽지 않는다는 걸 방증한다. 이제는 단순히 책을 읽는 사람이 줄어든 것이 아니라 글을 제대로 이해하지 못하는 '문해력의 위기' 상황마저 오고 말았다. 무엇 때문에 기초, 기본 소양이라 여겼던 문해력에 위기까지 온 것일까?

2.

문제는 복잡하고
해결은 간단하지 않다

2022년에는 문해력에 관한 기사들이 범람하고 조회수를 폭발하게 만든 일이 있었다. 한 카페에서 웹툰 작가의 사인회가 열렸는데 카페 홈페이지 문제로 예약을 할 수 없었다. 그러자 카페 사장이 SNS에 '심심한 사과를 전한다.'는 사과문을 올렸는데 누군가가 "당신은 이게 심심하냐?"고 반발한 것이다. 아마도 그는 '매우 깊고 간절한 마음'이라는 뜻을 가진 단어를 '하는 일이 없어 지루하고 재미없는'이라는 뜻의 단어로 착각한 모양이었다. 그 뒤로 여러 사람들이 카페 사장에게 소위 댓글 테러를 했다. 이 소식이 기사화되자 많은 사람들은 "'심심한 사과', '심심한 위로'라는 말을 모른다고?" 하며 황당해했다. 언론은 앞다투어 비슷한 사례들을 묶어 '문해력 위기'라는 제목을 달고 보도하기 시작했다. 그런데 쏟아지는 '문해력 위기' 기사들은 천편일률적으로[2] 같았다. 이로 인해서 '문해력 위기'를 바라보는 대중의 시선과 문제의식도 단순해지지 않을까 걱정이 되었다. 언론이 문해력 위기라며 보도한 사례들을 보자.

◆ 초등학교에서 체험학습을 안내하려 가정통신문을 보냈다. 점심식사를 제공한다는 걸 알리려 '중식 제공'이라 적었는데, 학부모로부터 "우리 아이는 한식을 좋아하는데 왜 맘대로 중식(중국식 음식)을 주느냐, 왜 메뉴를 마음대로 정하느냐"는 항의를 받았다.
◆ 대학교 교수가 과제물 제출 기한을 '금일(오늘) 자정'이라고 공지했다. 이후에 과제물을 늦게 보낸 대학생들이 "금요일이 아니었냐"고 교수에게 항의했다.
◆ 장소를 나중에 공지하겠다는 뜻으로 '장소 : 추후 공고'라 적은 글을 읽고 "추후 공업 고등학교가 어디야?"라 물었다.
◆ 구인공고에 '모집인원 0명'이라 적힌 것을 보고 "사람을 뽑는다면서 0명을 뽑냐"면서 어처구니없어 했다.

이러한 기사 제목에는 어김없이 '문해력 위기'가 달렸다. '위기'라는

---

2   천편일률적 : 여럿이 개별적 특성이 없이 모두 엇비슷한 것.
    '매일 천편일률적으로 계속되는 그들의 말속에는 이 시대의 불행을 고뇌하는 최소한의 양심도 들어 있지 않았다.'

표현에 걸맞게 문해력에 대한 진지한 경각심을 주었을까? 그렇지 않았을 것 같다. '심심하다', '금일', '추후' 등이 익숙한 사람은 단지 어이없어했을 것이다. "저렇게 사소한 단어들도 모르는 사람이 있다니…." 하지만 그 이상은 아무 관심도, 결심도 생기지 않았을 것이다. 쉬운 단어를 모르는 '사소한' 문제로만 비춰졌기 때문이다. 혹시라도 "나도 몰랐는데…. 지금이라도 알아둬야겠다. 하마터면 망신당할 뻔했네." 라는 사람이 있었다면 다행이었을 것이다.

차라리 거창하게 '문해력의 문제'라 하지 말고 '어휘력의 문제'라고 하는 게 낫지 않았을까? 문해력은 글로 소통하는 능력이다. 즉, 읽고 쓰는 능력이다. 반면 어휘력은 '단어를 말하고, 듣고, 읽고, 쓰는 데 사용할 수 있는 능력'이다. 어휘력이 문해력에서 매우 중요한 부분을 차지하는 건 분명하다. 하지만 문해력은 단어 외에도 여러 가지 언어 지식과 인지능력, 충분한 배경지식이 필요하다. 살아온 사회적 경험과 문화도 필요하다. 문해력이 좋지 않아서 내게 찾아온 사람들 가운데 어휘력 테스트 성적이 나쁘지 않은 경우를 종종 볼 수 있다. 그럼에도 불구하고 주구장창 어휘력 부족을 언급하는 '문해력' 기사들 덕분에, 사람들은 이미 '어휘력=문해력'이라고 생각하고 있는 것 같다. 그리고 문해력의 위기는 쉬운 단어들을 다 알면 끝나는 거라고 생각하는 것 같다.

과연 문해력 위기는 쉬운 단어를 모르는 '일부' 사람들이 '조금만' 노력하면

'금방' 해결할 수 있을까? 결코 그렇지 않다. 어휘력이 문해력의 전부가 아니 듯 문해력의 문제는 기사로 알려진 것보다 훨씬 다양하다. 굉장히 많은 사람들이 읽기를 어려워한다. "나는 문제 없어."라고 생각하는 사람도 단지 문제가 있다는 걸 깨달을 기회가 없었던 것일 수 있다. 이전에 읽던 것보다 수준 높은 책이나 낯선 책을 읽으려 할 때 비로소 문해력이 충분하지 않다는 걸 알게 되는 경우가 많다. "왜 글이 이해가 안되지?", "어, 예전같지 않네?"라고 하지만 사실은 원래 문해력이 충분하지 않았던 경우가 많다.

문해력은 넓은 의미에서, 글을 읽고 쓸 줄 아는 능력을 넘어 정보를 이해하고 비판적으로 분석하며, 상황에 맞게 활용하는 능력을 의미하기도 한다. 그런 점에서 봐도 세상과 상황을 '읽는' 능력, '읽고 행동하는' 능력인 문해력이 위기인 게 맞는 것 같다. 문해력의 위기의 현상과 원인을 제대로 읽지 못한 채 논하고 있으니까 하는 말이다.

2장

문해력 성장에 대한
정확한 지식을 갖자

독서를 많이 하면 문해력이 자연스럽게 향상된다는 통념은 잘못된 것이다.

독자의 현재 수준과 특성에 맞는 접근법이 필요하다.

문해력의 기본기인 이해하는 방법을 배우고 다지는 과정이 필요하다.

1.

독서만이
해결해 준다는 건 착각

책을 잘 읽을 수 없을 때 사람들은 어떻게 대처할까? 사람들은 흔히 독서를 하면 문해력이 좋아진다고 생각한다. 그래서 책을 잘 읽고 싶다면 독서를 하라고 한다. 그런데 해보니 역시 어렵다. 독서는 문해력 문제를 극복하는 유일한 방법일까? 독서하기가 어려운데 독서로 해결을 해야 할까? '안되면 되게 하라.'는 말이 있지만 안되면 되게 하는 다른 방법을 써야 하는 것 아닐까?

독서를 잘하고 싶으면 독서하라는 말은 '몸이 건강해지길 원하면 운동하라.'는 말처럼 들린다. 맞는 말인 것 같지만 사실은 맞을 만한 상황에서만 맞는 말이다. 다리 골절 환자는 달리기를 하면 안 된다. 고열 환자가 열을 내리기 위해 수영을 해야 할까? 유산소 운동이 폐렴 예방에 좋다는 말을 듣고 폐렴 환자가 강도 높게 달리기를 하는 게 적절할까? 그렇지 않다. 운동보다 치료가 우선이거나 적절한 운동을 찾아야 하는 것이다.

축구를 잘하고 싶지만 그렇지 못한 사람이 있다고 하자. '축구를 열심히 하면 잘할 수 있을거야!'라고 생각해서 축구 동호회에 가입을 했다. 그리고 계속해서 시합에 참가했다. 공을 쫓아다니다 보니 체력은 이전보다 좋아진 것 같았다. 하지만 공을 잘 다루지 못해 상대편에게 쉽게 공을 빼앗겼다. 금방 실력이 드러나서 같은 편도 웬만해서는 패스를 주지 않았다. 계속해서 많은 시합을 뛰었지만 딱히 축구실력이 늘지 않았다. 이 사람은 왜 축구를 열심히 했는데도 실력이 늘지 않은 걸까?

이 사람이 축구 시합에 참여한 것은 맞다. 하지만 시합 중에 할 수 있는 건 거의 없었다. 뭘 해볼 기회가 없으니 수 차례 경기에 나서도 실력이 늘 기회가 되지 못했다. 단지 지금 자신이 할 수 있는, 공을 쫓아다니는 것만 할 수 있을 뿐이었다. 그에게 필요한 건 당장 시합을 뛰는 것이 아니었다. 그는 최소한 패스를 받는 법과 하는 법, 상대방의 공격을 막는 법, 상대방의 공을 뺏는 법, 슈팅하는 법 등등을 배우고 연습하는 게 필요했다. 왜냐하면 그것이 '기본기'니까. 축구는 기본적으로 공을 다루는 운동이다. 그러니 공을 잘 다룰 수 있어야 한다. 손흥민 선수도 어렸을 때부터 성인이 되어서까지 매일 40분 동안 리프팅 훈련[3]을 했다고 한다. 축구를 잘하려면 가장 기본적인 기술부터 하나씩 하나씩 연습과 경험을 쌓아나가야 한다. 독서도 마찬가지다.

기본기 없이 독서를 한 사람의 이야기를 들어보라.

ㅇ씨는 대학에서 컴퓨터 공학과를 전공했다. 명문대 대학원(SKY 중 하나)에서 AI(인공지능) 연구를 하는 동안 논문을 읽고 쓰는 것은 그에게 큰 어려움이었다. 그는 무엇을 이해한다는 게 무엇인지 몰랐다. 고등학교 때 "도대체 어느 정도 넓이의 산길을 오솔길이라고 하는 거지?"라는 의문이 들었다. 한 시간 넘게 친구와 이야기를 나눴지만 이해가 되지 않았다. 사전에 나와 있는 '폭이 좁은 호젓한 길'이라는 설명도 도움이 되지 않았다. 그는 길 폭이 '정량적'으로 얼마나 되어야 오솔길인지 알고 싶었다.[4]

그는 어릴 때부터 책을 읽기가 어려웠고, 당연히 좋아하지도 않았다. 반면 그의 어머니께서는 무척 독서를 중요하게 여기셨다. 어머니께서는 그가 책을 몇 쪽 읽었는지에 따라 용돈을 주실 정도로 독서를 강조하셨다. 그는 늘 스트레스를 받으며 억지로 책을 읽어야만 했다. 여기서 끝이 아니었다. 어머니는 읽은 내용이 무엇이었는지 물어보셨다. 하지만 그는 생각나는 것이 없거나, 제대로 이해하지 못해 엉뚱한 말을 하곤 했다. 제대로 이해하지 못하는 걸로 어머니로부터 야단을 많이 맞았던 결과, 그는 스스로 이해하는 것을 포기했다. 대신 글

---

3   발, 허벅지, 머리 등을 이용해 공을 땅에 떨어뜨리지 않고 계속 차며 유지하는 기술
4   이공계 학생에게서 많이 보이는 특성이다.

에 뭐라고 쓰여 있으면 그냥 '그렇구나.' 하고 무조건 받아들이기로 했다. 예를 들어, 글을 읽다가 'ㄱ씨가 오랫동안 애쓰던 프로젝트가 결국 무산되었다.'는 문장을 읽으면 그는 'ㄱ씨가 노력했지만 프로젝트는 추진하지 않게 되었다.'는 것 이외에는 아무 생각이 없었다. 'ㄱ씨의 심정은 ~겠네.'라든지, '왜 그렇게 되었을까?' 하고 궁금해하든지, 앞서 읽었던 부분을 기억하면서 '아마 …때문이 아니었을까?' 등의 생각은 하지 않았다. 글을 읽는 것이 능숙하지 않기 때문에 생각할 겨를이 없기도 했고, 자신의 생각이 맞을 리 없다고 생각해서 아예 생각을 닫아버렸기 때문이었다. 말하자면 그는 글을 어떻게 이해할 수 있는지 몰랐다. 글을 읽는 동안 어떤 생각을 해야 하는지 몰랐다. 그는 독서에 대한 트라우마와 이해하지 못하는 고민을 누구에게도 말하지 못한 채 오랫동안 힘들어했다.

위의 사례에서 보듯 무작정 하는 독서가 모든 사람의 문해력을 높여주는 건 아니다. 무조건 독서를 하기만 하면 책을 잘 읽을 수 있다는 통념은 제발 버렸으면 좋겠다. 과거에 "아이들이 당장 이해하지 못하더라도 어려운 책을 읽도록 하면 결국은 책을 잘 읽게 된다"는 말을 들은 적이 있다. 이건 역효과가 날 가능성이 큰 위험한 발상이다. 소화하지 못하는 책을 붙잡고 힘들어하는 동안 독서에 대한 흥미와 읽을 용기를 잃었던 사람을 많이 만났다. 그런 사람들은 축구를 잘하기 위해서 먼저 '기본기' 연습이 필요한 것처럼, 문해력의 '기본기'를 다지는 게 중요하다.

또한 어린 아이든 성인이든 자신에게 맞는 책을 읽어야 한다. '초등학생이라면', '대학생이라면' 어떤 책을 읽어야 한다는 'ㅇㅇㅇ 권장도서'는 권장이 아니라 강압일 수도 있다. 문해력을 발전시키려면 독서는 누가, 무엇을 위해, 어떻게 하느냐를 고려해야 한다. 책을 읽으려 하는 사람이 현재 어떤 사람인가, 어떤 지식과 일상 경험을 갖고 있는가, 어떤 독서 경험과 읽기 기술을 갖고 있는가, 무엇을 위해 독서를 하는가, 어떤 책을 읽으려 하는가, 학습–검색–훑어보기–숙지–명상–숙고–감상–비평 중 무엇을 하려고 하는지에 따라 그에 맞는 독서를 해야 한다.

ㅇ씨와 같은 사람에게는 '무조건 읽어라!'고 말하는 것보다 '이해할 수 있는 책'과 '이해할 수 있도록 도와주는 손길'이 필요했다. 이해하지 못하는 사람에게 '읽다 보면 이해할 수 있다'고 말하는 건 무책임하다. 어떻게 이해할 수 있는지를 알려준 다음 그것을 실행해 보도록 권하고 격려했어야 한다. 그런데 한 번 생각해보자. 우리가 어떻게 이해하는지를 배운 적이 있었던가? 없었던 것 같다.

2.

대학 입시용
읽기에서 벗어나자

ㅂ씨는 서울대학교 출신에 S그룹에서 근무하는 직장인이었다. 남부럽지 않은 학벌과 직업을 가진 사람이었다. 대학수학능력시험 국어 과목에서는 1등급을 받았다. 그렇지만 놀랍게도 ㅂ씨는 글 읽기에 큰 어려움이 있었다. 게다가 회의를 하는 동안 사람들이 주고받는 말의 뜻이나 상황을 파악하기도 어려웠다. 회의 내용 중 무엇을 기록해야 할지 몰라 당황했다. 게다가 회의 후에 동료들은 별도의 지시 없이도 뭔가를 척척 하기 시작한 것이다. "뭘 하라는 말이 없었는데 무엇을 해야 할지 어떻게 아는 거지?"하며 어리둥절한 적이 한두 번이 아니었다. 여기서 ㅂ씨의 어려움은 끝나지 않았다. 다른 사람들은 영화를 보고 이런저런 이야기를 하는데, 같이 본 자신은 영화의 줄거리를 기억하는 것조차 힘들었다. 그 역시 자신의 어려움을 누구에게도 토로할

수 없었고, 왜 자신이 이런지 알 수 없었다. 그리고 앞으로 어떻게 해야 하는지 알지 못했다.

ㅂ씨는 굉장히 특이하고 극단적인 사례이다. 하지만 나는 비슷한 사람들을 심심치 않게 만난적이 있다. 전반적으로 학업 성적이 뛰어난 그들은, 비록 지문의 내용을 잘 이해하지 못했지만 신기하게도 문제의 답을 맞추는 데는 능숙했다. 이들은 수능에서 국어 1등급을 받았을지라도 대학에 진학해서는 교재 읽기를 힘들어했다. 이런 결말을 모른 채 중하위권 수험생들에게는 '굳이 지문을 이해하지 못해도 괜찮다.'는 전략이 환영받는다. 어차피 문제만 맞추면 된다는 생각인데, 상식적으로 생각했을 때 말이 되지 않는다. 행여 성공할지라도 입시만 끝나면 읽기 능력을 높일 노력이나 높일 수 있다는 생각 자체를 안할 가능성이 크다. 하지만 학생들이 그런 전략에 솔깃하는 건 글을 이해한다는 게 굉장히 어렵고 부담스러운 일이기 때문이다. 학생들이 이런 생각을 하게 만드는 책임은 '지문을 이해하지 못해도 문제를 맞출 수 있는 비법을 알려주겠다.'고 말하는 사람들에게 있을 것이다. 또한 글을 이해하기 어려워하는 사람에게 가르쳐주지 않은 교육 환경도 책임이 있을 것이다.

교사들은 읽는 법을 가르치기 어려운 환경에 있다. 우리는 글을 읽는 법을 배우기 어려운 환경에 있다. 크리스 토바니(Cris Tovani)가 쓴 『읽어도 도대체 무슨 소린지』에서는 교실의 상황과 교사의 입장을 이렇게 말하고 있다.

"제가 독서 지도를 할 수 있다고 하더라도 그걸 언제 가르치나요?"…반드시 읽어야 할 것을 읽지 않거나 읽을 것을 이해하지 못하는 학생들은 점점 뒤처지게 되고 이럴 때 교사들은 그런 학생들도 수업을 따라올 수 있게 도와야 한다는 의무감을 느낀다. 안타깝게도 이런 상황은 아이들에게 정보를 떠먹이는 결과를 낳는다.'

우리는 초등학교, 중학교, 고등학교 12년간 학교에서 국어를 공부한다. 하지만 성인이 되어서도 여전히 글을 이해하는 것을 어려워하는 사람이 단지 개인의 문제라고 생각할 수 없을 것이다. 고등학교에서의 교육은 상당히 대학수학능력시험을 겨냥하고 있다는 생각이 든다. 시험 점수만을 얻기 위해서 하는 공부는 유용하지 못한 결과를 낳는다. 마치 TOEIC 점수가 900점대라도 원어민과 영어로 편안하게 대화할 수 있는 사람이 많지 않은 것과 같다. TOEIC이라는 '시험' 준비만 열심히 한 사람들이나 수능 국어시험 공부 외 읽기를 공부하지 못한 학생들은 다르지 않아 보인다.

문해력, 독해력은 둘 다 가운데 '해(解)'가 들어 있다. 이해(理解)의 '해'다. 문해력은 글을 읽고[5] 쓰는 능력이다. 글을 읽는 능력에서는 이해하는 능력이 핵심이다. 학교에서는 국어시간에 '글'에 대해 배울 수 있다. 다른 수업 시간에는 학생들이 이해해야 할 많은 것을 가르쳐 준다. 하지만 '글을 이해하는 법'을 배울 기회는 없는 것 같다. 식탁에 먹을 수 있는 각종 물고기들을 요리해서 올려 주지만 스스로 '물고기를 낚는 법'은 가르쳐 주지 않는 것과 같지 않을까?

나는 뒤늦게 글을 이해하는 법을 배우기 위해 찾아온 많은 사람들을 만났다. 앞에서 소개한 사람들 외에도 개원의, 전문의, 교사, 공무원, 언어치료사, 영양사, 공인중개사, 공인회계사, 공기업 직원, 마케터, 대학생, 대학원생, 공무원시험 수험생, 로스쿨 수험생, 대입 수험생 등등 다양했다. 10대, 20대 뿐만아니라 30대부터 60대까지도 있었다. 이들 중에는 상당한 성취를 한 사람들도 있었고, 목표를 달성하기 위해 노력하는 사람도 있었다. 더 높은 글 이해력을 필요로 하는 사람들에게 이해하는 법을 알려주고, 이해하는 힘을 기르는 법을 알려주었다. 여러분도 글을 잘 읽고 이해하는 사람이 되도록 글 이해를 익혀보자.

5 　'읽다'는 두 가지 뜻이 있다. '글이나 글자를 보고 그 음대로 소리 내어 말로써 나타내다.'와 '글을 보고 거기에 담긴 뜻을 헤아려 알다.' 여기서는 후자이다.

3.

문해력은
어휘력 + α + α + α···

앞에서 말한 대로 무작정 하는 독서가 글 이해력을 향상시키지 않는 이유는 글 이해가 상당히 복잡하기 때문이기도 하다. 앞서 소개했던 것과 같은 문해력 관련 기사를 통해 글 이해가 얼마나 복잡한지를 살펴보자.

"교과서를 도서관 사서 선생님께 반납하세요."라는 안내문을 보고 교과서를 구입해서 반납하려는 학부모가 있었다. 사람들의 반응은 대부분 "사서가 무슨 말인지도 모른단 말이야?"였다. 과연 이 문장을 잘못 이해한 원인이 오직 '사서'라는 단어를 몰랐던 것뿐일까? 그렇지 않다. 다음 두 문장을 나란히 보자.

교과서를 도서관 사서 선생님께 반납하세요.

교과서를 도서관 구입해서 선생님께 반납하세요.

위의 두 문장은 '사서'와 '구입해서' 앞에 '도서관'이 있다. 읽어보면 굉장히 어색하다. 그러면 "뭔 말이 이래?", "선생님이 무슨 말을 이렇게 하지?"라고 반응하지 않았을까? 이상한 점을 발견하기 어려운 문장이라면 이 정도는 되었어야 하지 않았을까?

교과서를 사서 도서관 선생님께 반납하세요.

즉, 처음의 문장을 오해한 사람은 '사서'라는 단어를 몰랐던 것뿐만 아니라 문장이 문법적으로 문제가 있다는 것을 알아차리지 못한 것이다. 문장을 이해하는 데 성공하려면 늘 능숙하게 문법에 따라 처리(process)하는 능력이 필요하다. 문법에 따라 문장을 처리하는 능력은 문해력을 구성하는 요소 중 하나이다. 단어, 문법 외에도 또 있을까? 다음 문장을 읽어보자.

그러나 문장을 올바르게 이해하는 데 필요한 것이 단어와 문법뿐이라고 생각하면 오산이다.

혹시 지금 '오산? 경기도 오산이 왜 여기서 나와?' 이렇게 생각한 사람이 있을까? 그렇지 않았다면 여러분은 '잘못된 예상, 추측'이라는 뜻의 '오산'이라는 단어를 잘 알고 있기 때문일까? 아니면 이 문장의 문법을 잘 알고 있어서 그런 걸까? 다른 이유가 있다.

그러나 문장을 올바르게 이해하는 데 필요한 것이 단어와 문법뿐이라고 생각하면…

위 문장을 읽으면 '생각하면' 뒤에는 '잘못이다'라고 나올 것으로 예상하게 된다. 다음 문장처럼 '잘못된' 의미가 따라오지 않는 문장을 읽어보자. 어떤가?

그러나 문장을 올바르게 이해하는 데 필요한 것이 단어와 문법뿐이라고 생각하면 **정확하다.**
→ 어색하다
그러나 문장을 올바르게 이해하는 데 필요한 것이 단어와 문법뿐이라고 생각하면 **오산이다.**
→ 자연스럽다

왜냐하면 이 문장 앞에서 '단어뿐 아니라 문법이 필요하다.'는 내용

36

이 있었기 때문이다. 앞의 문장들은 '그러나'라고 시작했으니 독자는 '단어와 문법 외에 다른 중요한 것이 있다고 말하겠지.'라고 예상하게 된다. 따라서 독자는 '오산'을 읽고 '경기도 오산의 지명'과 '잘못된 예상, 추측이라는 오산' 중에서 후자를 선택한다. 문장의 '앞, 뒤 의미가 통일성 있게 잘 어울리도록 이해하려는 노력'에 의해 단어의 의미를 선택하기 때문이다. 이제 앞에서 다루었던 문장을 다시 보자.

교과서를 도서관 사서 선생님께 반납하세요.

'사서(구입해서)~반납하세요'의 의미가 자연스러운지 생각해 보자. 반납은 '도로 돌려줌'이라는 뜻이다. '사다', '구입하다'의 의미는 새로 갖게 되는 것이지 돌려주는 의미가 아니다. 따라서 새로 산 교과서를 도서관에 '돌려준다'는 건 어색하다. 돌려주는 건 도서관에서 빌렸던 그 책을 다시 갖다주는 것이니까. 만약 문장의 의미를 통일성 있게 이해하려는 노력이 습관화되어 있었다면 비록 '사서'가 무슨 의미인지 몰랐을지라도 이 문장을 잘못 이해하는 일은 일어나지 않았을 수 있다. 문장의 의미를 통일성 있게 구성하는 능력(또는 습관)이 부족한 것도 저 문장을 정확하게 이해하지 못한 원인이 될 수 있다.

이렇게 문장 하나를 잘 이해하려면 마음속에서 여러 가지를 처리한다. 단어의 의미를 잘 알고, 문법적 처리에 능숙하고, 전후 맥락을 생각하면서 문장의 의미를 파악하는 것 외에도 다른 많은 것들을 처리한다. 한마디로, 문해력은 복잡하고, 동시다발적인 처리를 하는 능력이다. 그래서 단순하게 무엇 하나만 한다고 발전할 수가 없다. 골고루, 많이 읽더라도 사람에 따라 한쪽에 치우치거나 빠뜨린 것이 있을 수 있다. 하물며 이해가 힘들어 독서를 피했던 사람이라면 더욱 여러 가지 면에서 부실한 문해력을 가지고 있을 가능성이 크다. 앞으로는 독서를 잘하는 사람이 되겠다는 결심을 했다면, 문해력의 기본기에 해당하는 몇 가지를 발전시키도록 노력할 필요가 있다. 독서 경험이 많거나, 문해력이 좋다고 자부하는 사람이더라도 살아가다 보면, 문해력을 높여야 할 때가 온다. 그럴 때 문해력의 기본기를 돌아볼 필요가 있다.

3장

문해력 성장을 위한 지피지기

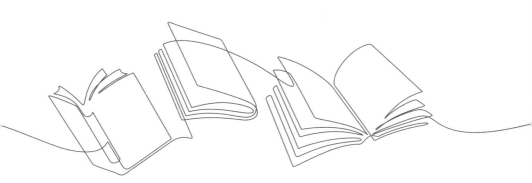

많은 사람들이 문해력을 높이려는 노력 없이 무조건 어려운 책을 읽거나,
반대로 자신의 수준에 맞지 않는 쉬운 책만 고르는 오류를 범한다.
독서가 효과적으로 이루어지려면 자신의 문해력 상태를 정확히 이해하고,
적절한 난이도의 책을 선택하여 체계적으로 독해력을 길러야 한다.

1.

지기 :
나는 어떤 책을 어려워했나?

"운동을 잘한다."는 말은 '모든 운동'을 잘한다는 말일까? 그렇지 않다. 현실적으로 모든 운동을 잘할 수는 없다. 왜냐하면 세상에는 여러 운동이 있고, 서로 다르다. 어떤 운동을 잘하면 다른 어떤 운동은 잘할 수 없는 경우도 있다. 잘하는 운동을 하는 능력이 뛰어난 반면, 다른 운동을 하는 능력은 뛰어나지 않기 때문이다. 예를 들어 복싱 선수는 야구를 잘할 수 없다.[6] 펀치를 뻗을 때 어깨 동작이 공을 던질 때 어깨 동작과는 다르기 때문이다.

글 읽기는 글의 특성과 독자의 특성에 따라 달라진다. 기본적인 읽

---

6   복싱 선수는 펀치 동작을 반복한다. 이 동작은 팔을 짧고 빠르게 뻗었다가 되돌린다. 그래서 어깨의 가동 범위가 제한될 수 있다. 야구를 하기 위해 공을 던지려면 어깨를 뒤로 젖혀 외회전 운동을 해야 한다. 따라서 복싱 연습을 많이 한 사람은 힘차게 공을 던지기 힘들다.

기 능력이 있어도 특정 글을 이해하려면 특별히 중요한 읽기 기술이 있다. 이는 야구라는 종목을 하기 위해서는 공 던지기 기술이 중요한 것과 같다. 공을 던질 때 전신을 활용해 공을 던지지만, 특히 어깨와 팔의 근육이 중요하다. 그런데 야구 선수들마다 신체 조건이 똑같지 않기 때문에 어떤 선수는 어깨 강화 훈련을 더 많이 하고, 어떤 선수는 팔동작 훈련을 더 많이 할 것이다. 독자도 각자의 능력과 경험, 지식이 다르다. 따라서 읽기 훈련은 독자마다 다를 수 있다.

종합하면, 글을 더 잘 읽고자 하는 독자가 있다면 어떤 글 읽기를 목표로 할지 정하자. 정한 글을 이해하기에 필요한 읽기 기술을 연습하자. 독자에게 익숙하지 않은 기술이라면 특별히 더 노력해야 할 것이다. 이제부터 지피지기, 즉, 문해력을 향상시키려는 독자로서 자신을 알고, 어떤 글을 읽어야 문해력이 성장할지 알아보자.

자신이 문해력이 좋지 않다고 생각한다면 어떻게 안 좋은지를 알아야 개선할 방법을 알 수 있다. 그렇지만 스스로 자신의 문해력을 평가하는 건 쉽지 않다. 한 아이돌 밴드 멤버가 팔이 아파 병원에 갔다. 의사가 "어디가 어떻게 아프세요?"라고 묻자, 경상도 사투리로 "팔이 우리~해요"라고 답했다고 한다. 환자는 본인의 상태를 고향의 언어로 말했지만, 의사는 이를 이해하지 못했다. 사투리가 아니라도 환자가 일반인의 언어로 자신의 상태를 설명하면 의사는 이해할 수가 없다. '성장하는 독자'[7]로서 오랫동안 고민해 왔다고 해도 문해력 전문가는 아니다. 자신이 무엇이 어려운지, 어떤 점을 발전시켜야 할지는 설명하기도, 스스로 판단하기도 어렵다. 그래서 의사는 환자의 상태를 파악하기 위해 '문진'[8]을 한다. 비록 환자의 말로부터 정보를 얻는 것이지만 의사가 판단하는 데 필요한 정보를 얻을 수 있다. 지금부터 여러분은 나를 따라 스스로를 문진하도록 하자. 문진을 통해 문해력 성장의 출발점을 찾을 수 있을 것이다.

나는 여러분에게 "무엇을 읽기 어려운가?"를 묻고 싶다. 대답하기 위해 "난 문해력이 부족한 것 같아.", "지금보다 문해력을 높여야겠어." 이런 생각을 하게 된 순간을 떠올려 보자. 어릴 때부터 책 읽기가 어려웠을 수도 있지만, 어느 순간 갑자기 책을 읽기가 어려워졌다고 느낀 경우도 있다. 언제 그런 경험을 했는지 생각해 보자.

한 50대 남성이 찾아와 말했다. "저는 20년간 요식업을 해왔습니다. 그래서 책 읽기가 어렵습니다." 어떤 직업을 가졌든 관계없이 자신이 익숙한 분야가 아니라면 책 읽기가 어려울 수 있다. 이분에게 "어떤 책이 어렵게 느껴지나요?"라고 묻자, "최근 공인중개사 시험에 합격한 뒤 자기계발서(경제)를 읽으려는데 이해하기 어렵다."고 답했다. 대개 새로운 독서를 시작할 때 문해력이 부족하다고 느끼는 경우

---

7   글을 잘 읽는 사람을 능숙한 독자(good reader), 잘 읽지 못하는 사람을 미숙한 독자(poor reader)라고 한다. 그렇지만 이런 호칭이 마음에 들지 않아 '지금보다 글을 더 잘 읽기 위해 노력하여 목표를 성취하는 사람'의 의미를 담아 '성장하는 독자'라 부르려 한다.
8   의사가 환자에게 환자 자신과 가족의 병력 및 발병 시기, 경과 따위를 묻는 일.

가 많다. 문학만 읽어 본 고등학생이 처음으로 모의고사에서 설명문 (비문학) 지문을 접했을 때, 대학 신입생이 처음으로 전공 교재를 읽기 시작했을 때, 취업이나 자격증 공부를 위해 새로운 분야의 책을 읽기 시작했을 때, 경제적 자유를 꿈꾸며 경제 관련 도서를 처음 읽었을 때, 사람들은 글을 이해하는 데 어려움을 겪는다. 이건 당연한 일이니 너무 기죽거나 당황하지 말자. 책을 읽기 어렵다는 생각이 들었다고 해서 당신이 모든 글을 읽기 어려운 사람은 아니다.

예전에 읽기가 어려웠던 책이 있는 것처럼 가장 최근에 읽기 어렵다고 느낀 책은 무엇인지 생각해보자. 또한 여러분이 잘 읽었던 책을 하나만 기억해 보자. 분명히 있을 것이다. 오래전에 읽었던 책이라도 좋다. 그리고 읽어야 하는 책, 읽고 싶은 책도 떠올려보자. 읽어야 하는 책/읽고 싶은 책이 읽기 어려운 책과 같아도 상관없다.

◆ 읽기 좋았던 책
◆ 읽기 어려웠던 책
◆ 읽어야 하는/읽고 싶은 책

이것을 하는 이유는 여러분이 성장하는 독자로서 함께할 책을 선택하기 위해서다. 위의 세 가지에 해당하는 책을 떠올리고 제목을 적어 두자.

2.

지피 :
책이 쉽거나 어려운 이유

여러분은 '읽기 좋았던 책', '읽기 어려웠던 책', '읽어야 하는/읽고 싶은 책'을 적었다. 이 책들의 특성을 파악할 수 있는 기준을 알려주려고 한다. 이 기준을 통해 책을 알아볼 수 있는 눈을 가질 수 있다. 그 눈으로 문해력을 연습할 적절한 책을 찾을 수 있다. 다음을 보며 여러분이 언급한 책들이 어떤 책인지 분석해 보자.

◆ 장르

◆ 분야

◆ 저자

◆ 수준

1) 장르

크게 문학과 비문학 또는 서사적 글(narrative text)과 설명적 글(expository text)로 나눌 수 있다. '서사'란 인간 행위와 관련된 사건이나 이야기에 대한 기록이다. 서사적 글에는 소설, 동화, 신화, 위인전, 자서전, 일기, 역사서, 희곡, 시나리오 등이 있다. 설명적 글은 독자에게 정보를 전달하거나 개념을 명확하게 설명하는 것을 목적으로 하는 글이다. 설명적 글에는 교과서, 논문 및 보고서, 설명서, 뉴스 기사 등이 있다. 서사적 글을 읽을 때는 인간과 삶에 대한 공감과 성찰을 하게 되는 반면, 설명적 글은 사실이나 개념, 사상 등에 대한 지식을 이해하게 된다.

2) 분야

도서관에서는 책을 듀이 십진분류법 또는 한국십진분류법으로 분류한다. 여기에 따르면 책의 주제에 따라 총류[9], 철학, 종교, 사회학, 자연과학, 기술과학, 예술, 언어, 문학, 역사 등으로 책을 분류한다. 설명적인 글은 철학, 종교, 사회학, 자연과학, 기술과학, 예술, 언어, 역사로 나눌 수 있다. 참고로 요즘 사람들은 문학, 인문학, 에세이, 여행, 자기계발 등의 주제를 다루는 책을 잘 보는 것 같다. 책은 주제에

---

9 다양한 학문 분야를 포괄하거나 특정한 주제에 속하지 않는 일반적인 자료를 포함하는 범주

1부 성장을 위한 준비, 문해력을 이해하자

따라 전달하는 정보나 이해시키려는 대상이 다르다. 사람마다 잘 아는 분야와 그렇지 않은 분야가 있고, 흥미가 있는 분야와 그렇지 않은 분야가 있다.

3) 저자

책에는 저자 특유의 문체, 수사법, 어휘 등이 반영된다. 독서 경험이 많지 않은 독자라면 낯선 저자의 문체에 적응하지 못하기도 한다. 여러 명의 저자들이 각 장(chapter)을 맡아서 쓴 책이라면 독자는 다양한 문체를 만나게 된다. 성장하는 독자는 매 장을 읽을 때마다 달라지는 문체를 힘들어할 수 있다. 능숙한 독자에게는 낮은 장애물이지만 성장하는 독자에게는 높은 장애물이 될 수 있다.

독자는 저자의 관점, 입장, 가치관, 세계관 등을 접하게 된다. 이에 동의한다면 매끄럽게 책을 읽을 수 있지만, 그렇지 않다면 공감할 수 없거나 거부감이 들어 적극적으로 이해하려는 마음을 갖지 않을 수 있다.

독자가 저자에 대한 정보를 갖고 있는 경우, 호감이나 반감도 이해에 영향을 미칠 수 있다. 저자를 본받고 싶은 마음이 책을 읽을 동기가 될 수 있고, 반대로 저자를 신뢰하지 않는다면 읽고 이해하려는 의욕이나 의지가 크지 않을 수 있다.

4) 수준

어떤 학자에 의하면 세 가지 수준의 책을 읽는 것은 서로 다른 도움을 준다고 했다. 다음에는 세 가지 수준에 대한 설명이 있다. 같은 시기에 여러 권을 읽기가 부담스럽다면 한 권만 읽을 수도 있다. 최근에 '병렬독서'[10]가 유행이 되기도 했지만 독자의 능력과 목적에 따라 결정을 하면 된다. 성장하는 독자에게는 병렬독서보다는 한 권 읽기가 깊이 이해하는 데는 유리하다.

◆ 특별한 노력 없이 쉽게 이해할 수 있는 수준의 책

이러한 책을 읽으면 앞으로도 자신이 책을 읽고 이해할 수 있으리라는 신념이 강화된다. 자신이 성취를 할 수 있다는 신념을 자기효능감이라고 한다. 독자로서 자기효능감은 자신의 독서 능력에 대한 긍정적인 태도라고 할 수 있다. 긍정적인 태도를 지닌 사람은 '현재의' 자신의 능력을 최대한 발휘할 수 있을 가능성이 크다. 이 수준의 책을 읽는 것은 독해력 성장의 직접적인 원인이 되기 어려울 수도 있다. 하지만 쉽게 읽을 수 있는 책을 통해 '나는 책을 잘 읽을 수 있었다'는 경험을 남길 수 있다. 이 경험은 다른 책도 잘 읽을 수 있으리라는 자기

---

10 한 가지 주제나 관심 분야에 대해 여러 권의 책을 동시에 또는 연속적으로 읽으며, 서로 비교하고 연결하는 독서 방식이다. 단순히 여러 권의 책을 읽는 것이 아니라, 책과 책 사이의 연관성을 고려하면서 읽는 것이 핵심이다.

효능감의 근거가 되는 경험이 될 것이다.

◆ 약간의 노력으로 이해할 수 있는 수준의 책

때때로 멈추어 생각하거나, 다시 읽어보는 등 약간의 노력과 시도를 하면서 글을 이해하는 경험은 언제, 어떻게 이해할 수 있는가를 학습하는 경험이 된다. 마치 자동차 운전이 능숙해지는 과정과 같다. 초보 운전자는 차선을 옮기거나 신호에 따라 좌회전하는 것, 후방 주차를 하는 것 등이 어렵다. 차선을 옮기기 위해 '지금 가면 될까?'라며 주춤주춤 차를 이동시킨다. 미숙한 독자도 이해하기 어려운 부분을 만나면 고민에 빠진다. 하지만 후방주차가 어렵더라도 포기하지 않고 여러 번 시도하면 노하우가 생기고 성장하는 독자는 언제, 어떤 읽기 전략을 어떻게 사용하는지 터득할 수 있다. '약간의 노력으로 이해할 수 있는 수준의 책'을 읽으면 읽기 전략을 사용할 기회를 가질 수 있다.

◆ 많이 연구하고 애써야 이해할 수 있는 수준의 책

글을 이해하는 과정은 굉장히 복잡하다. 이해하기 어려운 글은 마치 심하게 엉킨 줄과 같고, 수수께끼를 푸는 것처럼 느껴질 수 있다. 정말 수수께끼를 푸는 것처럼 실마리를 찾기 위해 단어의 뜻, 문법적 처리, 관련 지식 등을 열심히 생각해야 한다. 엉킨 줄을 풀듯 신중하게 이런 저런 생각을 할 수 있다면 좋은 독서 경험이 될 수 있다. 그러나 소 뒷걸음치다 쥐 잡듯이 요행으로 이해하거나, 본인이 잘 이해했는지 아닌지 전혀 알 수조차 없다면 유익한 경험이 되지 못한다. 또한 이해에 도달하지 못한 경험은 부정적인 기억으로 남고 자기효능감을 떨어뜨릴 수 있다.

3.

지피지기에 따라
읽을 책 한 권을 정하자

앞의 내용을 참고하여 좋아했던 책을 예로 적어 보았다. 어떤 주제를 좋아하는지, 어떤 글이 익숙한지, 어떤 분야에 관심이 있거나 지식이 있는지 찾을 수 있다. 이전에 자신이 좋아했던 책, 즐겁게 읽을 수 있었던 책은 앞으로 어떤 책을 선택할지 힌트가 된다.

	1	2
좋아한 책	어린 왕자	사람을 안다는 것
장르	서사적 글	설명적 글
분야	문학(동화)	사회학, 심리학
수준	글 수준은 평이. 가만히 생각하면 얻을 것이 많음.	어렵지 않음. 자신을 얼마나 성찰할 수 있는가에 달림.
저자	생 텍쥐베리	데이비드 브룩스
내용	관계, '길들여짐', 만남과 이별을 생각 하게 함.	가까운 사람을 바라보는 눈과 태도를 알려줌. 사회 안에서 사람들의 관계 를 성찰하게 해 줌.

  표에 정리한 내용을 보면 두 책 모두 사람 사이의 '관계'를 깊이 이해할 수 있게 해주는 책이라는 것을 알 수 있다. 독자의 관심은 인간관계에 있다고 볼 수 있다. 또한 '가만히 생각'하거나 '성찰'하면서 읽는 책이라는 것도 알 수 있다. 이것은 독자가 선호하는 '읽는 맛'이라고 할 수 있다.

  다음 표의 빈칸을 채워보자. 내용도 간략하게 기록하도록 하자. '읽기 어려웠던 책'의 칸은 왜 그 책이 어려웠는지도 알 수 있게 도와줄 것이다.

	읽기 좋았던 책	읽기 어려웠던 책	읽어야 하는 책 읽고 싶은 책
장르			
분야			
저자			
수준			
내용			

이제 이 표의 하이라이트는 '읽어야 하는 책/읽고 싶은 책'의 칸이다. 칸에 적은 내용을 보자. 읽기 좋았던 책과 가까운가? 아니면 읽기 어려웠던 책과 가까운가? 과연 그 책을 읽는 것이 적절할까?

사람들은 어떤 삶의 시기에 도달하면 '이런 책을 읽어야 해.'라고 생각하는 경향이 있다. 대학생은 자기계발서를, 사회 초년생은 경제적 자유를 위한 책을 많이 찾는다. 성인이 되어서 '교양' 또는 '인문학' 서적을 읽어야 한다고 생각하기도 한다. 성인이 되었으니 "전문서를 읽어야지.", "전문가가 쓴 책을 읽어야지."라고 생각하기도 한다. 하지만 어떤 지식이 반드시 필요할지라도 그것을 소화할 수 없다면 소용이 없다. 자신이 이해할 수 있는 범위를 고려하지 않고 책을 읽으려 하면 안 된다. 필요하거나 읽으라고 요구받지만 흥미가 없는 책, 뭔가 호감이 가지 않는 저자의 책, 나의 능력을 뛰어넘는 수준의 책은 피하자. 잘 읽었던 책에서 힌트를 얻어 내가 꽤 잘 읽을 수 있을 만한 책을 고르자. 전문 도서를 읽기 전에 입문서를 통해 지식의 기본 개념을 먼저 접할 수 있다. 같은 주제를 다룬, 저자가 다른 책이 있다면 어디선가 본 적이 있는 저자의 책을 택하자. 약력을 살펴보면서 호감이 가는 사람의 책을 고를 수 있다. 글의 문체도 나에게 편안한지 확인하는 것을 빠뜨리지 말자. 자, 아직 책을 고르기 전에 '어떤' 책이 적절할지 다음 표에 기록해 보자. 마치 현명하게 쇼핑하기 위해 살 품목을 적는 것과 같다.

	내가 선택할 책
장르	
분야	
저자	
수준	
내용	

당신이 선택한 책은 본 책을 통해 배울 내용들을 적용하고 연습하는 대상이 될 것이다. 이제 한 권의 책을 고르기 위해 도서관 또는 서점으로 향하도록 하자.

적절한 책을 선택하는 최종 단계로서, 오프라인에서 책의 실물을 보고 선택하기를 추천한다. 온라인 서점에서 미리보기를 제공하기도 하지만 상당히 제한적이다. 목차, 머리말, 출판사 추천, 추천사 등등이 제공되지만 그래도 책을 직접 만져야 본문을 확인할 수 있다. 목차에서 가장 관심을 끄는 부분을 펼쳐 내용을 확인하는 건 온라인 서점에서는 불가능하다. 나에게 정말 맞는 책인가는 직접 본문을 어느 정도 읽어보고 선택하는 게 좋다. 읽어보지 않고 '이건 정말 좋은 책일 거야.'라는 생각에 인터넷 서점에서 구입을 하거나, 제목과 목차와 출판사의 추천만을 읽고 '난 충분히 읽어봤어!'라고 생각한다면 책을 읽는데 실패할 가능성이 크다.

저자의 유명세, '필독서', '베스트셀러', 셀럽의 '내 인생의 책' 등등에 현혹되지 말자. 그런 책이 있다는 걸 알게 되거나 관심을 갖는 기회는 될 수 있다. 한강 작가의 노벨상 수상 소식을 듣고 『채식주의자』, 『소년이 온다』 등에 관심이 쏠리는 것은 당연하다. 그러나 구입하기 전에 책을 직접 만나보자. 그렇지 않으면 마이클 샌델의 『정의란 무엇인가』와 같이 될 수 있다. 어떤 사람이 이렇게 말했다. "'모두가 책꽂이에 둔 책, 그러나 누구도 읽지 않은 책'이라고." 그런 책이 꽂혀 있으면 때때로 시선이 닿을 때마다 죄의식을 느끼게 된다. 마음에 짐이 되고 갚아야 하는 빚처럼 느껴진다. 독서가 빚 갚는 일처럼 되어서는 안 된다.

2부

성장하는 독자를 위한
5가지 문해력 수업

1장

어휘 :
읽기에 반드시
필요한 능력

많은 독자들이 단어의 의미를 정확히 알지 못하면서도 안다고 착각해,

글을 제대로 이해하지 못하는 문제가 있다.

이 문제를 해결하려면 '모르는 줄 모르는 단어'를 인식하고,

단어의 의미를 깊이 있게 학습하며,

단어를 신속하게 떠올릴 수 있는 능력을 길러야 한다.

1.

진정한 어휘력이란
지식과 처리능력

   어휘력이란 무엇일까? 흔히 모르는 단어가 있으면 어휘력이 나쁘다고 말하곤 한다. 특히 "요즘 사람들은 쉬운 단어도 모른다."면서 "어휘력이 좋지 않다."고 말을 한다. 그럼 "어휘력이 좋다는 게 뭘까요?"라고 물어 보면 뭐라고 대답할까? 아마 '단어를 많이 아는 것'이라고 답하지 않을까 싶다. 그렇다면 어휘력은 어떻게 향상시킬까? 단어를 많이 외우면 될까? 그렇지 않다. 단어를 외우기만 한다고 어휘력이 좋아지고 문해력이 향상되지 않는다. 어휘력은 '뜻을 외운 단어의 수'가 아니기 때문이다. 어휘력은 그렇게 단순하지 않다.

   진정한 어휘력을 갖추기 위해서는,

◆ 단어를 정말 알아야 한다.

   안다고 생각하지만 실제로는 모르는, '모르는 줄 모르는 단어'가 대단히 많다.

◆ 단어의 의미를 깊고 풍부하게 알아야 한다.

아는 단어의 의미도 업그레이드가 거듭되어야 한다.

◆ 신속하게 처리할 수 있어야 한다.

글에 쓰인 단어의 뜻이 늦게 떠오르면 모르는 것과 같다.

마음속으로 몇 개의 단어를 떠올리자. 그리고 뜻을 말로 설명해보자. 잘 설명할 수 있는가? 말문이 막힌 것처럼, 평소 말하고 읽었지만 뜻을 설명하지 못하는 단어가 있다. 바로 '잘 알지 못하는 단어'다. 어휘력 검사를 하면 다음과 같은 '잘 알지 못하는 단어'가 드러난다.

◆ 전혀 알지 못하는 단어

◆ 잘못 아는 단어

◆ 일부만 아는 단어

◆ 뜻을 빨리 떠올리지 못하는 단어

'빈번하다', '사찰', '쇠퇴하다' 등은 뜻을 잘 설명하지 못하거나 늦게 떠올리는 사람들이 많다. 이 단어들은 초등학교 3~6학년 교과서에 나오는 단어지만 뜻을 명확하게 알지 못하는 성인은 생각보다 많다. 여러분은 이 단어를 얼마나 아는지 다음과 같이 해보자.

'쇠퇴하다'는 단어는 무슨 뜻인지 적어보자.

'퇴행하다'는 단어는 무슨 뜻인지 적어보자.

이렇게 적어봄으로써 자신이 '쇠퇴화다'와 '퇴행하다'의 뜻을 '정말 알고 있는지' 알 수 있다. 적은 것을 살펴보자. 구체적이고 분명하게 뜻을 적었는지 평가하자. '깊고 풍부하게 안다.'고 할 수 있을 만한가? 잘 알고 있는지 사전과 비교를 해보자.

◆ 쇠퇴하다 : (힘, 상태가) 약해져 전보다 못한 상태로 되어 가다
　　　　예문) 수산 자원의 감소는 어업이 쇠퇴하는 결과를 낳았다.
◆ 퇴행하다 : 앞으로 나아가지 못하고 뒤로 물러가다
　　　　예문) 신기술을 도입하지 않는 기업은 시장에서 퇴행할 수밖에 없다.

위에 적은 뜻이 사전의 뜻풀이와 문자 그대로 일치할 필요는 없다. 사전에 나온 바와 유사한 개념을 말했다면 충분하다. 다만 '쇠퇴하다'의 경우 단순히 약해진 것이 아니라 사회적, 경제적, 문화적 맥락에서[11]

'이전보다 못한 상태가 되어간다.'는 것을 인식하고 있었는지가 중요하다. '퇴행하다'는 '앞으로 나아가야 하지만' 그렇지 못하고 도리어 부정적인 방향으로 변해간다'는 걸 인식했는지가 중요하다. 즉, 두 단어 모두 '시간의 경과에 따른 부정적 변화'라는 의미를 인식하고 있어야 '잘 안다'고 말할 수 있다. 따라서 글에서 '쇠퇴하다'를 만난다면 그저 '약해졌다'고 이해해서는 안 된다. 하지만 미숙한 독자는 쉬운 단어로 바꿔 해석하는 경우가 많다. 그렇게 되면 고급 단어가 가진 세밀한 의미를 놓치는 결과를 가져온다.

◆ 약해졌다 : (어떤 원인에 의해) 상태가 약하게 변화하다.[12]
◆ 쇠퇴하다 : (어떤 원인에 의해) **(시간의 경과에 따라)** (힘, 상태가) 약해져 전보다 못한 상태로 되어 가다

위에서 '쇠퇴하다'의 굵은 글씨는 '약해졌다'에는 없는 의미다. 그래서 '쇠퇴하다'의 의미를 '약해졌다'로 표현하려면 '~때문에 시간이 지남에 따라 서서히(또는 지속적으로) 약해졌다'와 같이 수식어가 필요하다. 그럼에도 불구하고 '쇠퇴했다'를 그저 '약해졌다'고 생각하면 그

---

11 경제가 쇠퇴하다. 도시가 쇠퇴하다. 산업이 쇠퇴하다
12 쇠퇴하다에 비해 단기적인 변화에 사용된다. 주로 신체적이나 정신적 상태, 또는 물리적인 힘의 약화를 나타낸다.

만큼 의미를 놓치게 된다.

앞에서 '쇠퇴하다'와 '퇴행하다'의 뜻을 뭐라고 적었는지 돌아보자. 적절한가? 충분한가? 뜻을 생각한 순간 구석구석의 의미가 모두 떠올랐나? 아니면 곰곰이 생각해서 찾아냈나? 부족한 면이 보인다면, 단어를 공부하도록 하자.

두 단어를 어느 정도로 알고 있는지를 통해 '새로운 단어를 습득하는 방식'이 어떤지 알 수 있다. 만약 여러분이 새로운 단어를 접하게 된다면 얼마나 잘 알게 될까? 지금 알고 있는 단어만큼이다. 단어의 의미를 부정확하게 알고 있거나, 얕게 알고 있다면 여러분은 문장에서 단어의 의미에 별로 신경을 쓰지 않는다는 것을 의미한다. '이 정도면 충분해'라며 단어의 의미를 정확하게, 깊게 알고자 하는 마음이 없다는 걸 알 수 있다. 또한 독서를 하더라도 이미 알고 있는 단어의 지식을 업그레이드하지 못한다는 것을 의미한다.

이런 경향은 어휘력이 부족한 원인이 되고, 동시에 약한 문해력의 원인이 된다. 만약 여러분이 진정한 어휘력을 향상시키는 노력을 시작한다면 단어를 잘 사용할 수 있게 될 뿐만 아니라 동시에 '단어를 잘 아는 버릇'을 가질 수 있다.

2.

아는 줄 알았다면
가짜 어휘력이다

앞에서 네 가지 유형의 '잘 알지 못하는 단어'를 설명을 이야기했다.

◆ 전혀 알지 못하는 단어
◆ 잘못 아는 단어
◆ 일부만 아는 단어
◆ 뜻을 빨리 떠올리지 못하는 단어

잘 알지 못하는 단어들이 어떻게 글 이해력을 무너뜨리는지 설명하겠다. '잘 알지 못하는 단어'들의 무서움은 '모르는 줄 모른다'는 데 있다. 모르는 줄 모른다는 건 아는 줄 안다는 뜻이다. 안다고 생각하니 제대로 익힐 생각을 하지 못한다. 글을 읽다가 어떤 단어를 보고 "어? 처음 보는 단어네? 그럼 찾아봐야겠다." 이러면 다행이다. 하지만 현실은 다르다. 한 실험에서 글을 읽다가 모르는 단어를 만난 사람들은 마치 그 단어가 없었던 것처럼 **빼놓고** 읽었다. 나중에 질문해 보니 문장에 그 단어가 있었다는 걸 기억하지 못했다. 단어를 본 적은 있지만 뜻을 모르는 경우도 있다. 본 적이 있다 보니 모른다는 생각을 하지 않고 그냥 넘어가는 일이 생긴다.

잘못 아는 단어는 정확한 뜻이 아닌 다른 뜻으로 기억하고 있는 것이다. 단어를 읽으면 정확한 뜻이 아닌 다른 뜻이 떠오른다. 다른 의미를 문장이나 글에 적용하니 문장 해석이 산으로 간다. 금일(오늘)을 금요일로, 사흘(3일)을 4일로 잘못 알았던 사람들에 관한 기사를 기억해 보자. 그들은 단어의 뜻을 모른다는 걸(잘못 알고 있다는 걸) 몰랐다. 그들은 잘못된 의미를 문장에 적용해 의사소통에서 문제가 발생했다.

일부만 아는 단어는 문장을 이해할 때 아는 만큼만 집어넣는다. 글에서 '쇠퇴하다'가 나오면 "쇠퇴하다? 이건 약해진다는 거지~." 이런 식으로 고급 단어의 독특한 의미를 축소시키는 경우가 많다.[13] 그러면 원래의 문장이 의미하려고 했던 정교한 의미가 무뎌지거나 분명한

---

13 앞에서 다음과 같이 설명한 바 있다.
  '쇠퇴하다'의 경우 단순히 약해진 것이 아니라 사회적, 경제적, 문화적 맥락에서 '이전보다 못한 상태가 되어간다.'는 것을 인식하고 있었는지가 중요하다...'시간의 경과에 따른 부정적 변화'라는 의미를 인식하고 있어야 '잘 안다'고 말할 수 있다. 따라서 글에서 '쇠퇴하다'를 만난다면 그저 '약해졌다'고 이해해서는 안 된다. 하지만 미숙한 독자는 쉬운 단어로 바꿔 해석하는 경우가 많다. 그렇게 되면 고급 단어가 가진 세밀한 의미를 놓치는 결과를 가져온다.

의미가 모호해진다. '추상화(↔구체화)', '개연성', '시스템', '이성', '도덕' 등의 단어는 굉장히 빈번하게 사용되는 단어들이다. 익숙하더라도 잘못 알거나 일부만 아는 경우가 상당히 많다. 또한 '진화', '이온' 등은 단순히 사전적 의미을 넘어 적절한 과학 지식을 충분히 알아야 단어를 안다고 말할 수 있다. 왜냐하면 용어를 읽고 관련 지식을 떠올릴 수 있을 때 글을 원활하고 충분히 이해할 수 있기 때문이다.

 뜻을 빨리 떠올리지 못하는 단어의 뜻은 문장을 이해할 때 참여하지 못할 수 있다. 우리가 단어를 어떻게 사용하는지 생각해 보자. 단어 하나를 읽거나 쓸까? 그렇지 않다. 어린 아이에게 단어를 가르칠 때 앞면에는 그림(코끼리 그림)이 있고 뒷면에는 단어('코끼리')가 적힌 단어 카드를 사용한다. 하지만 한글을 뗀 이후에는 문장과 글에서 단어를 읽는다. 문장은 여러 단어로 되어 있고, 글은 여러 단어인 문장들을 여럿 읽는다. 여러 단어를 읽어야 하니, 연속된 단어를 차례대로 빠르게 읽는다. 수십, 수백 단어를 읽으면서 단어 하나에 들이는 시간은 매우 짧다. 단어의 뜻을 떠올리고, 문장의 의미와 글의 의미를 생각하려면 신속하게 의미를 떠올려야 한다. '단어의 뜻을 알면 당연히 보고 바로 뜻을 떠올릴 수 있는 거 아닌가?'라고 생각할 수 있지만 사실은 그렇지 않다. '바다', '하늘'처럼 많이 사용한 단어는 어떤 단어인지 알아보고 뜻을 떠올리는 시간이 매우 짧지만, 그렇지 않은 '해양', '대양', '심해', '창공', '영공' 등은 뜻을 떠올리는 시간이 미세하게 길다.[14] 쉬운 단어에 비해 고급 단어는 사용 빈도가 높지 않기 때문이다. 이 미세한 차이가 읽기에서는 상당히 큰 차이를 의미한다.

사용 빈도란 단어를 사용한 빈도인데, 개인마다 단어를 사용한 빈도가 다르다. 독서를 많이 하는 사람은 단어의 사용 빈도가 높다. 또한 자신이 오랫동안 읽어온 분야에서 만난 단어들은 사용 빈도가 높다. 사용 빈도가 매우 낮은 단어를 만나면 어떨까? 단어의 의미가 늦게 떠오르게 된다. 그러면 어떤 일이 일어날까? 능숙한 독자라면 문장의 의미를 충분히 파악했는지 자신을 점검한다. 어떤 단어의 의미가 늦게 떠올라 문장 의미가 덜 명확하게 파악되었다면 읽기 속도를 조절하거나 그 단어의 의미 파악에 집중한다. 그러나 미숙한 독자는 마치 모르는 단어가 있는 줄 모르는 것처럼, 단어의 의미가 충분히 파악되었는지 모른 채 다음 문장을 읽는다. 고속도로 휴게실에 승객이 내린 다음 약속한 시간까지 돌아오지 않았는데, 버스기사가 모르고 출발해 버린 상황과 비슷하다. 모르는 줄 몰랐던 단어 때문에 문장을 이해하지 못하는 것처럼, 늦게 의미가 떠오르는 단어로 인해 문장을 이해하지 못하는 일이 벌어질 수 있다. 따라서 단어의 뜻을 암기하는 것뿐만 아니라 빨리 떠올릴 수 있도록 연습하는 게 필요하다. 단어의 학습법은 바로 뒤에서 배울 수 있다.

---

14 이것을 단어의 빈도 효과(frequency effect)라고 한다.

3.

진짜 어휘력
이렇게 학습하자

글을 읽거나 대화할 때 만난 단어를 찾아보거나 어휘학습서를 이용하여 다량의 단어를 공부하는 두 가지 방법이 있다. 글을 읽다가 모르는 단어를 만났을 때는 당연히 찾아봐야 한다. '모르는 줄 모르는 단어'도 찾아봐야 한다. 하지만 모른다는 사실을 알아차리기가 쉽지 않다. 그러니 글이 이해가 되지 않을 때 혹시 잘 모르는 단어가 있는지 의심해 보자. 읽다가 멈춰 그 부분의 단어를 잘 알고 있는지 뜻을 떠올려보자. 사전을 찾아보면서 떠올린 뜻과 비교해서 정말 잘 알고 있는지 확인해 보기를 추천한다.

어휘력이 부족하다고 생각하면 다량의 단어들을 계속 공부하기 위해 시중의 어휘학습서를 구입해서 보는 것도 좋은 방법이다. 앞에서 소개한 '진정한 어휘력'을 얻기 위해 어떻게 학습해야 할지를 설명하고자 한다.

뜻풀이를 육하원칙으로 분석한다

사전에서 단어를 찾아볼 때는 한 번 읽고 '음~ 그렇구나'하고 지나가서는 안 된다. 그렇다고 뜻풀이를 외우려 해서도 안 된다. 뜻풀이를 세세하게 읽으면서 무엇을 뜻하는지 마음에 새기려 해야 한다. 특히 육하원칙(누가, 언제, 어디서, 무엇을, 어떻게, 왜) 중 어떤 것을 언급하는지 살펴볼 필요가 있다. 표준국어대사전에서 '분별하다'를 찾아보면 이렇게 나와 있다.[15]

뜻 풀이	예문
서로 다른 일이나 사물을 구별하여 가르다	주위가 어두워 형체를 분별할 수 없다
세상 물정에 대한 바른 생각이나 판단을 하다	명색이 사리 분별할 줄 안다고 자처하는 유생들인데, 우리와 싸워 이로울 게 없다는 것쯤은 깊이 요량하고 있을 거요

'분별하다'는 '무엇'을 '어떻게' 하는지를 설명하는 단어다.

---

15 저작권 문제로 표준국어대사전을 예시로 들었으나 고려대 한국어대사전이 단어를 학습하기에 더 좋다. 표준국어대사전은 1999년에 완성된 이후로 업데이트가 되지 않았지만 고려대 한국어대사전은 2010년 이후로 계속 업데이트를 한다고 한다. 시간이 지남에 따라 단어의 의미가 달라진 경우가 있다.

1장 어휘 : 읽기에 반드시 필요한 능력

무엇	어떻게
서로 다른 일, 사물	구별하여 가르다
세상 물정에 대한	바른 생각이나 판단을 하다

'분별하다'와 비슷한 뜻을 가진 단어들을 비교해 보면 차이가 있다. 비슷한 단어들을 서로 비교하여 다른 점을 살펴보면 각 단어의 의미를 분명하게 알 수 있다.

구분하다	구별하다	분별하다	변별하다
일정한 기준에 따라 전체를 몇 개로 갈라 나누다	성질이나 종류에 따라 갈라놓다	바른 생각이나 판단을 하다 (바른 것과 바르지 않은 것을 구별할 수 있는 기준을 가지고 어느 쪽에 해당하는 것인지 판단한다)	사물의 옳고 그름이나 좋고 나쁨을 가리다

구분하다, 구별하다는 '나눈다'는 의미가 강하고, 분별하다, 변별하다는 '나눈다'는 능력을 바탕으로 원하는 행위(좋은 것을 찾음, 좋고 나쁨을 가림)를 하는 의미가 강하다. 사전의 뜻풀이를 육하원칙으로 분석하면 이러한 차이가 눈에 잘 들어온다. 단어의 뜻을 마음속에 이렇게 새겨넣어야 구체적으로, 세세하게 알 수 있다.

예문을 적극 활용한다

예문은 뜻풀이가 설명하지 못한 세세한 실제 사용 예를 알려준다. 또한 예문을 읽으면서 단어의 의미를 마음속으로 떠올리면 사용하는 경험을 쌓을 수 있다. 단어를 신속하게 알아보고 의미도 빨리 떠올리는 연습이 된다. 사전에 '분별하다'의 예문으로 '주위가 어두워 형제를 분별할 수 없다'가 있다. 뜻풀이는 '서로 다른 일이나 사물을 구별하여 가르다'고 하였는데, 뜻풀이만 보면 사물을 어떤 속성에 따라 구분하는지는 알 수 없다. 하지만 예문은 눈으로 볼 수 있는 외관으로 사물을 분별한다는 것을 알려준다.

뜻풀이와 예문으로 의미를 익힌 다음 다시 예문을 읽으면 마음속에 단어의 의미를 반복하게 된다. 단어를 읽고 의미를 연상하는 연습이 되어, 다음에 단어를 만났을 때 능숙하게 의미를 연상할 수 있게 해준다. 따라서 예문을 반복해서 읽을수록 도움이 된다. 다양한 예문을 읽는다면 더 좋다. 사전에서 많은 예문을 볼 수는 없다. 챗지피티(ChatGPT)[16]에서 다양한 예문을 찾을 수 있다.

---

16 대화형 인공지능 서비스. https://chatgpt.com에서 대화하듯 요청사항을 입력하면 ai가 답을 준다.

챗지피티(ChatGPT)를 활용한다

챗지피티(ChatGPT)에 '일을 구별하다의 뜻으로 사용된 분별하다의 예문을 써줘'라고 입력했더니 다음과 같이 예문을 제시했다.

1. 그녀는 분별력 있게 업무를 나눠서 처리할 수 있었다.
2. 우리가 해야 할 일을 분별하지 못하면 혼란에 빠질 수 있다.
3. 이번 프로젝트에서는 우선순위를 분별하여 효율적으로 진행해야 한다.
4. 그는 상황을 냉철하게 분석하여 중요한 일과 그렇지 않은 일을 분별했다.

예문 2~4는 분류하는 대상으로 '업무, 해야 할 일과 그렇지 않은 일, 우선순위, 중요도' 등을 명시적으로 제시하고 있다.

이번에는 '사물을 구별하다의 뜻으로 사용된 분별하다의 예문을 써줘.'라고 입력했다.

1. 그는 어두운 곳에서도 색깔을 분별할 수 있는 능력을 가지고 있었다.
2. 어린아이들은 때로 비슷한 물건들을 분별하기 어려워한다.

3. 고양이는 섬세한 후각으로 다양한 냄새를 분별할 수 있다.

4. 연구자는 현미경을 통해 세포 구조를 정확히 분별해 냈다.

5. 그녀는 다양한 재료를 손끝의 감각만으로 분별할 수 있었다.

여기서는 색, 형태, 냄새, 세포 구조, 촉감 등 사물의 다양한 속성을 통해 사물을 분별하는 예문을 제시했다. 챗지피티(ChatGPT)를 활용하여 사전이 가진 한계를 넘어서 풍부한 연습을 해보자.

단어 사용을 반복한다

단어 학습은 한 번 찾아보는 것으로 끝나서는 안 된다. 문장이나 글에서 단어를 읽었을 때 뜻을 신속하게 떠올리려면 단어를 읽고 뜻을 떠올리는 경험을 많이 쌓아야 한다. 앞에서 단어의 사용 빈도에 대한 이야기를 기억할 수 있을 것이다. 그런데 여러 의미를 가진 단어가 많다. 글을 읽으면서 여러 의미를 가진 단어를 만나면 어떤 의미로 사용되었는지 판단하는 과정을 거친다. 문장을 잘 이해하려면 맥락에 따라 단어가 어떤 의미로 사용되었는지 찾는 과정도 능숙해져야 한다. 이것은 다양한 예문들을 반복해서 읽으면 도움이 된다. 예문을 읽을 때마다 어떤 의미로 사용된 것인지 판단하는 연습을 하게 되기 때문이다.

또한 단어는 사전적 의미 안에서 쓰이지 않고 문장에 맞춰 융통성 있게 쓰인다. 따라서 단어의 의미가 어떤 문장에서든 동일할 것으로 생각해서는 안 된다. 다양한 예문을 읽으면서 의미가 얼마나 융통성 있게 쓰이는지 경험하는 것이 중요하다. 쳇 지피티(ChatGPT)로 새로운 예문을 많이 읽는 것도 좋은 방법이다.

어휘학습서로 단어를 공부한다

어휘학습서는 학습할 단어를 제시해 주기 때문에 사전을 찾아볼 수고를 덜어준다. 다음과 같은 단계로 단어를 학습할 수 있다.

1. 책에 수록된 단어를 하나 읽고 읽기를 멈춘다.
2. 마음속으로 해당 단어의 뜻으로 알고 있는 바를 생각한다.
3. 뜻풀이를 읽으며 이전부터 뜻으로 알고 있었던 바와 비교한다.
4. 책에 나온 뜻풀이와 자신의 단어 지식이 다르면 학습하고, 표시한다.
   특히 뜻풀이를 마음속에 떠올리면서 예문을 여러 번 반복하여 읽는다.
5. 적당한 시간이 지난 다음 복습으로서 1~4의 과정을 반복한다.
6. 책에 나온 뜻풀이와 자신의 단어 지식이 다르지 않으면 해당 단어는 학습을 멈춘다.

1. 매일 학습할 3개 단어를 선택하여 사전에서 찾아 학습한다.

- ◆ 어떤 단어를 선택할지 모르겠다면 '이렇게 학습해야 어휘력이 생긴다'의 첫 부분을 다시 읽는다. 그래도 선택할 만한 단어가 없다면 아무 단어나 선택하여 학습한다.
- ◆ 사전에서 단어를 찾은 후 학습하는 방법이 기억나지 않으면 '이렇게 학습해야 어휘력이 생긴다'를 다시 읽는다.

2. 학습한 단어를 기록하거나 저장한 다음 복습한다.

3. 책을 읽을 때 얼마나 단어의 의미에 주목하는지 점검한다.

- ◆ 글에서 단어가 어떤 의미로 사용되었는지 설명할 수 있는지 확인한다.
- ◆ 단어 학습 이후 독서에서 단어의 의미를 파악하거나 문장을 이해하는 정도가 달라졌는지 점검한다.

2장

독서 :
책보다 마음을 읽자

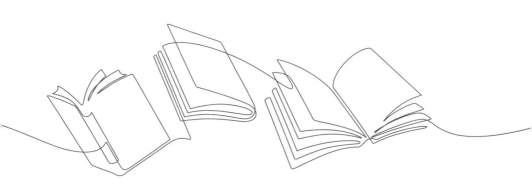

독자는 글의 의미를 단순히 받아들이는 것이 아니라

스스로 의미를 구성해야 한다.

책을 읽을 때 자신의 마음을 관찰하고

생각의 흐름을 주도적으로 이끌어야 한다.

1.

마음을
읽어야 하는 이유

크리스 토바니(Cris Tovani)는 30년 넘게 초등학교 1학년부터 고등학생까지 독서를 가르쳐왔다. 그는 『읽어도 도대체 무슨 소린지』에서 글을 '읽기만' 하는 사람을 '단어 발성자'라고 말하면서 이들에 관해 주목할 만한 것을 말하고 있다.

> "단어 발성자는 낱말의 뜻을 이해하고 텍스트를 읽으려는 노력을 기울인다. 하지만 이들은 읽기에 사고(思考)가 포함되어 있다는 사실을 이해하지 못한다."

앞서 이야기했던 ㅇ씨의 사례를 떠올려보자. 그는 글을 이해하는 대신 뭐라고 쓰여 있는지만 보는 데 집중했다. 사실은 많은 사람들이

ㅇ씨와 같이 읽는다. ㅇ씨는 활자를 읽은 바를 마음속에서 언어로 변환하는 능력이 좋지 않아 쉬운 글도 읽기를 어려워했다. ㅇ씨와 같이 읽는 사람들은 그보다 수준이 높은 글에서 동일한 어려움을 겪는다.

로버트 J. 티어니(Robert J. Tierney)와 데이빗 P. 피어슨(David P. Pearson)이 쓴 『문해력 교육의 역사(A History of Literacy Education)』를 보면 문해력 연구가 밝힌 '독자'란 어떤 사람인지 나와 있다. 이 중 첫 번째는 구성주의자 독자다.

구성주의자 독자(The Constructivist Reader)
전략적 독자(The Strategic Reader)
사회적 독자(The Social Reader)
자기 평가하는 독자(The Self-Assessing Reader)

구성주의자 독자는 독자가 글의 의미를 '구성한다'는 말이다. 'Construct'는 의미를 만들기 위해 생각들(ideas), 단어들(words)을 조직한다(organize)는 뜻이다. 여기서 중요한 건 글이(또는 저자가) 정해둔 의미를 독자가 읽는 것이 아니라, 글을 읽은 **독자가 의미를 구성한다**는 점이다.[17] 독자가 의미를 구성한다는 말은 상당히 놀라울 수 있다. 그러나 구성주의자 독자 이론은 문해력을 연구하는 학계에 자리 잡은 주류 이론이다. 우리나라 교육계에서도 구성주의자 독자와 맥을 같이하

2부 성장하는 독자를 위한 5가지 문해력 수업

는 '능동적인 독자'를 강조하고 있다. '의미를 구성'하는 구성주의자 독자가 된다는 건 어떤 사람들에게는 커다란 발상의 전환이 될 것이다.

구성하는 독자가 되기 위해서 어디서부터 무엇을 시작하면 될까? 몇 해 전에 온라인 신문 〈조선에듀〉에 독해력에 관한 전문가 칼럼을 연재한 적이 있다. 그 칼럼에서 나는 '독해는 책을 읽는 것이 아니라 책을 읽는 자신의 마음(mind)을 읽는 것'이라고 말했다. 이 말을 통해 독서의 주인공은 독자라는 사실과 독자가 자신의 마음을 들여다보는 것이 매우 중요하다는 사실을 알리고자 했다. 이 말처럼 더 나은 독자가 되고자 한다면 글보다 '마음'에 집중하는 법을 익혀야 한다. 글을 어떻게 이해하는지, 글의 의미를 어떻게 구성하는지를 아는 것은 그다음이다.

글을 읽고 건물처럼 의미를 구성하는 자리는 마음이다. 글 이해를 완성하기까지 의미 구성을 하는 공사장도 마음이고, 의미 구성을 하는 일꾼도 마음이며, 재료도 마음에 있다. 비록 책은 눈으로 보아야 읽을 수 있지만, 글을 본 후 마음에 일어나는 일로 인해 의미를 구성하여 글을 이해할 수 있는 것이다. 따라서 의미를 잘 구성하려면 마음이 작업을 잘해야 하고, 작업을 잘하는지 마음을 잘 살펴야 하며, 완

---

17 '저자의 의도를 파악하라'는 말은 '독서의 주인공은 저자.'라고 전제하고 있는 듯하다. 하지만 저자의 의도를 파악하는 것은 독자이지, 저자가 직접 알려주는 것이 아니다. 정확히 말하면 저자의 의도란 '저자가 쓴 글을 독자가 읽으면서 어떤 생각을 하기를 의도한 바'이다. 따라서 독자는 책을 읽으면서 스스로 생각하기를 게을리하지 말아야 한다.

성한 결과물을 보기 위해 마음을 잘 봐야 한다. 그런데 여기서 몇 가지 의문이 들 수 있다. "아무 생각 안 해도 잘 이해되던데?", "나 자신을 잊어버릴 정도로 몰입했을 때 가장 잘 읽던 것 같던데?"

우리 마음은 자동적으로 작동하는 부분이 있고, 의지에 따라 작동하는 부분이 있다. 신체가 의지와 상관없이 자율적으로 작동하여 호흡, 심장박동, 체온 등을 유지하거나 의지에 따라 작동하여 먹고, 마시고, 말하고, 걷는다. 이것처럼 읽는 것도 글이 눈에 보이자마자 자동적으로 이해하는 경우가 있고, '지금 뭐라 말하는 거지?'라거나 '여긴 더 집중해 볼까?' 같은 의식적으로, 의도적으로 생각하여 이해하는 경우가 있다.

글이 쉽거나 익숙한 내용이라면 눈으로 글을 읽을 때 '자동적으로' 마음속에 여러 가지가 떠오른다. 이미 학습한 단어의 뜻, 관련된 경험, 지식, 감정 등등이다. 마치 먹이를 줄 때마다 종을 쳐서 먹이와 종소리를 개의 마음속에서 연결시킨 '파블로프의 개'처럼, 잘 아는 단어나 글을 읽을 때 의미나 지식이 떠오르는 건 자동적이라서 막을 수 없다. 그렇게 줄줄줄 읽을 수 있을 만큼 익숙하고 어렵지 않은 글 읽기는 몰입할 수 있고, 무아지경의 상태에서 쉴 새 없이 읽을 수 있다.

의식적인 읽기는 낯선 내용 또는 심오한 의미의 글을 이해하고자 할 때 일어난다. 자동적으로 떠오른 것이 적합하지 않을 때 1차적으로 떠오른 것 외에 다른 것을 의식적으로 찾는다. 처음 떠오른 것을 문장에 적용해 보니 뜻이 통하지 않거나 충분하지 않은 것 같으면 독자는 적절한 의미를 완성하기 위해 자신의 지식을 탐색하거나 문장을 다시 읽는다.

예를 들어, '사과'라는 단어를 보면 즉각적으로 사과가 떠오른다. 아마 대부분의 사람들도 그럴 것이다. 그런데 나는 자주 방문했던 경험이 있는 경기도 양평의 한 과수원도 떠오른다. 그러면 꼬리를 물고 최근에 본 어떤 기사에서 '지구 온난화 때문에 몇십 년 후에 우리나라는 사과를 재배할 수 없는 나라가 될 것'이라는 말이 떠오른다. 또한 과수원 주인의 아들 중 한 명이 중국으로 유학을 갔었다는 사실도 떠오른다. 이런 지식들은 내 기억에 남아 있고, 사과라는 단어와 연결되어 있기 때문이다. 강하게 연결된 지식이 연상되는 것은 매우 자동적이고, 비의지적이다.

'사과' → 🍎 → 양평 OO과수원(→ 중국 유학) → 지구온난화
↓
🍎 → 스티브 잡스 → 터틀넥 티셔츠 → Top ○ 몰

'사과'를 읽으면 사과가 떠오르는 걸 막을 수는 없겠지만, '그게 아니야.'라며 다른 떠올림(애플 社)을 선택할 수도 있다. 그리고는 앞으로 계속되는 내용을 보며, 내가 쉽게 떠올릴 수 있는 '스티브 잡스'와

그가 생전에 입었던 '터틀넥 티셔츠' 등을 계속 마음에 둬도 괜찮을지 생각한다. 심지어 나도 터틀넥을 사기 위해 방문했던 온라인 사이트 〈Top ㅇ 몰〉 역시 내가 부르면 튀어나올 준비를 하고 있지만, 글의 맥락과 맞지 않다면 〈Top ㅇ 몰〉을 떠올리기를 억제하거나 마음속에서 지워버릴 것이다.

잘 아는 것들은 매우 자동적으로 마음에 들어온다. 욕조에 물을 받기 위해 수도꼭지를 열면 물이 마구 쏟아져 내리는 것과 같다. 하지만 요리를 하면서 간을 맞추기 위해 무엇을, 언제, 얼마나 넣을지 조절한다. 맛을 보고 소금을 넣을지, 간장을 넣을지, 참치액을 넣을지, 그것들을 얼마나 넣을지 결정한다. 끓기 전 넣을지, 끓을 때 넣을지, 불을 끄고 나서 넣을지 선택한다. 데워먹는 간편식은 전자렌지 조리시간만 조절하면 된다. 라면은 물의 양, 불의 세기, 끓이는 시간을 조절한다. 김치찌개는 더 많은 것을 결정하고 조절한다.

어려운 요리처럼 이해하기 까다로운 글을 만나면 독자는 의식적으로 생각을 조절할 것이 많다. 바꿔 말하면, 생각을 '조절'할 수 있어야 까다로운 글을 이해할 수 있다. 반면 이해하기 쉬운 글이거나, 잘 아는 것에 관한 글이거나, 복잡한 과정을 필요로 하지 않은 글은 자신을 잊은 채 더 잘 읽을 수 있다. 그러나 요즘은 다양한 분야의 지식을 접하는 시대다. 익숙하지 않은 새로운 지식을 접할 기회 또는 접해야만 하는 상황이 많다. 익숙하지 않은 영역의 글은 읽자마자 자연스럽게 이해할 수 없는 경우가 많다. 이해하려면 '어떻게 이해할 수 있는지'를 알아야 한다.

'어떻게 이해할 수 있는지 아는 것'은 '생각을 어떻게 조절할 수 있는지 아는 것'과 같다. 생각을 조절하려면 마음속에서 벌어지는 일을 관찰하고, 손을 써야 할 부분이 있는지 판단하여 적절한 조치를 취해야 한다. 그래서 가장 처음은 독자가 자신의 마음을 관찰하면서 자신이 충분히 이해하고 있는지 살피는 것이다. 이것을 학자들은 이해도 점검(Comprehension monitoring)이라고 부른다.

독자가 글을 얼마나 이해하고 있는지 인식하고, 무엇을 어떻게 해야 할지 살피는 것은 마치 외과의사가 환자를 수술하는 부위에 집중하고, 수술 도구를 들고 수술을 행하는 자신의 손을 살피는 것과 같다. 의사가 성공적으로 수술을 끝내기 위해 환자와 자신의 손에 주의를 집중하지 않을 이유가 없는 것처럼, 글을 잘 이해하기 위해서 독자는 자신의 마음에 집중해야 한다.

2.

책에 의존한
독서에서 벗어나자

자신의 마음을 읽는 건 책을 이해하기 위한 필수 조건이다. 그러나 많은 사람들이 독서를 하면서 마음을 읽지 못한다. 책을 읽으면 저절로 내용이 마음속으로 들어왔던 어린 시절의 읽기에 머물러 있기 때문이다. 이 장에서 마음을 읽는다는 것이 무엇인지 알아보자.

글을 이해하기가 어려워서 찾아온 사람들을 관찰하면 대부분 다음과 같이 읽는다.

◆ 글을 이해하기보다 글의 표현(문구)을 그대로 기억하려 노력한다.
◆ 자신의 생각으로 인해 글을 잘못 이해할 것을 두려워하여 최대한 생각을 억제한다.
◆ 자신의 생각을 남에게 노출하거나 스스로도 알고 싶어하지 않는다.

◆ 글의 단어에 한 가지 의미만 대입시킨다. 자신이 아는 것과 다른 의미를 모르거나, 다른 의미가 있을 수 있다는 것을 알지 못한다.

앞과 같은 사람들이 다음 글을 어떻게 읽는지 보자.

태양광 에너지는 청정에너지로 각광받고 있다. 많은 국가들이 태양광 패널 설치를 장려하며 에너지 자립을 추구하고 있다. 하지만 날씨에 따른 에너지 생산량 변동은 여전히 해결해야 할 과제다.

그들은 위 글이 명시적인 정보만을 전달해 준다고 생각한다. 그래서 다음처럼 거의 글자 그대로 파악한다.

태양광 에너지는 청정에너지다. (또는 태양광 에너지는 청정에너지라서 사람들이 좋아한다)
많은 국가들이 태양광 에너지 설비를 설치하려 한다.
에너지 자립도 추구한다.
날씨에 따라 에너지 생산량이 변동한다. 이걸 해결해야 한다.

이렇게 보면, 원래의 글에 적힌 것과 별반 다르지 않다. 마치 들은 말을 그대로 다음 사람에게 전달하는 게임 같다. 하지만 독자가 자신이 알고 있는 것과 어떤 관계에 있는지, 자신에게 어떤 의미가 있는지를 살펴보았다면 이렇게 말을 옮기는 읽기에서 끝나지는 않았을 것이다. 마음이 자연스럽게 글에 반응하도록 하고 마음의 반응을 그대로 표현하자. 아마 다음과 같을 것이다.

태양광 에너지는 청정 에너지로 각광받고 있다
→ 맞아. 태양광 에너지를 쓰면 환경오염을 줄인다고들 말하지. 생산비용도 저렴해서 가정에서는 전기요금을 낮출 수 있어. 그런데 왜 우리집은 태양광 에너지를 이용하지 않는 거지?[18]

이런 생각이 왜 필요할까? 위 사람은 태양광 에너지의 장점이 '환경오염을 줄일 수 있고, 생산비용이 저렴하다.'는 걸 생각했다. 이 생각이 마음속에 남아있는 상태에서 다음 문장을 읽으면 어떻게 될까?

많은 국가들이 태양광 패널 설치를 장려하며 에너지 자립을 추구하고 있다

---

18 '이런 생각도 할 수 있다. 이외에도 다양한 생각을 할 수 있다.
    → 태양광 에너지가 왜 청정 에너지인가? 환경오염이 없다고 해서? 다른 에너지는 어떻게 만들까? 수력발전소는 댐을 만들어야 하니까 환경파괴가 있고, 화력발전소는 석탄, 석유를 태우니까 환경이 오염되나 보다.
    → 태양광 에너지가 당장은 청정 에너지가 맞지만 나중에 태양광 판넬을 오래 사용하면 처치가 곤란하다는데…진짜 청정 에너지 맞나?

첫 문장을 읽고 떠오른 생각은 두 번째 문장의 밑줄 친 부분을 읽을 때 바로 연결된다. '환경오염을 줄일 수 있고, 생산비용이 저렴'하니까 "그래서 태양광 패널 설치를 장려하는구나!". 이미 떠오른 생각 덕분에 두 번째 문장의 앞 부분을 빨리 이해할 수 있다. 그러면 두 번째 문장에서 '태양광 패널 설치'가 '에너지 자립'과 어떤 관계가 있는지 밝히는 데 충분한 시간을 쓸 수 있다.

'에너지 자립'은 무슨 의미인가? 모든 나라가 자국 영토에 석유, 석탄, 천연가스 등의 매장지를 갖고 있지 않다. 그러나 태양광 에너지는 모든 나라에서 사용할 수 있다. 화석연료를 수입하는 국가가 태양광 에너지로 화석연료를 대체한다면 그것이 바로 에너지 자립이다. 그렇게 어렵거나 소수만 아는 지식은 아니다. 그렇지만 '태양광 패널 설치 → 태양광 발전이 화석연료를 대체 → 화석연료 수입할 필요가 없다면 에너지 자립 가능' 이렇게 연결을 하지 못하는 사람도 있다. 물론 자신은 잘 이해했다고 생각한다. 하지만 "글이 어떤 내용이었냐?"고 질문했을 때 내용을 잘 이해한 것으로 볼 수 있는 대답이 나오지 않는다. "태양광 패널 설치를 장려하는 것이 어떻게 에너지 자립에 도움이 될까요?"라고 질문하면 그제서야 비로소 생각한다. 그중 일부는 이 질문을 답하지 못한다. 질문 전이나 후나 답을 찾지 못하지만 읽는 동안에는 자신이 충분히 이해했다고 생각하고 있었다.

여러분은 모든 텍스트를 이렇게 읽을 수 있는 사람이 될 수 있다. 지금까지 글을 읽으면서 자신의 생각을 지운 채, 글에 의존하여 읽어왔다면 글의 표면적인 의미에서 벗어나지 못할 수 있다. 이런 읽기의 원인은 자연스럽게 올바른 읽기를 터득하거나, 배울 수 있는 기회를 갖지 못했기 때문일 수 있다. 또한 낮은 자존감으로 인해 자신의 생각을 중심으로 읽지 못했던 것도 원인이 될 수 있다. 그렇지만 직접적인 원인은 능동적인 독자, 주도적인 독자의 태도를 갖지 못한 데 있다.

글에 의존하는 읽기는 마치 보조바퀴가 달린 네 발 자전거를 타는 것과 같다. 자전거를 탈 수 있으려면 이쪽저쪽으로 휘청이면서도 계속 균형을 잡기 위해 노력을 해야 한다. 넘어지는 것도 감수하면서 스스로 몸의 균형을 잡는 법을 배워야 결국은 자전거를 잘 탈 수 있다. 하지만 넘어지지 않으려고 보조바퀴가 달린 자전거를 타면서 '난 지금 자전거를 타고 있어'라고 생각하면 앞으로 자전거를 잘 탈 수 있을까?

글 너머의 의미를 생각하지 않고 글의 표면만 보고 '여기에 이렇게 쓰여있으니 이것만 기억하면 돼'라는 식이면, 글을 읽을 때 생각을 어떻게 해야 하는지 알 수가 없다. 글을 읽으며 자신이 이해한 바가 맞든 틀리든 과감하게 생각하기를 거듭해야 글을 이해하는 능력이 발전한다. 스스로 생각하기의 시작은 글을 읽으면서 자신의 마음을, 생각을 바라보는 것이다.

3.

마음을 읽기 위한 요령

독자가 마음에 집중하여 자신의 생각을 읽는 데 도움이 되는 몇 가지 Tip을 추천한다.

1) 서두르지 말고 문장을 정확히 읽는다.

글을 봐야 생각을 할 수 있다. 그런데 글을 제대로 보지 않는 습관이 든 사람들이 있다. 글은 독자가 어떤 생각을 할지를 알려주는 표지판이다. 글이 잘 보이지 않으면 생각도 원활하게 떠오르지 않는다. 멀리 있는 사람, 안개가 끼어 잘 보이지 않는 사람은 알아보기 힘들다. 알아보기 힘들면 그 사람에 관한 정보를 떠올리기 힘들다. 글을 읽을 때도 같은 일이 일어난다. 눈이 글자에 대한 시각적 정보를 재빠르게 뇌에 전달해줘야 원활하게 언어처리를 할 수 있다. 얼굴과 눈이 글을 향할 뿐만 아니라 '시선'이 문장을 향해야 한다.

만약 자신이 글을 직시하지 않는다고 느끼면 다음과 같이 해보자.

◆ 소리내어 읽는 동안 다른 사람이 정확하게 읽는지 확인한다.

또는 혼자 소리내어 읽으면서 녹음한 다음 다시 들으면서 정확히 읽
는지 확인한다

◆ 적당한 속도로 읽는지 점검한다.

서둘러 읽느라 부정확하게 읽는다면 속도를 조절한다. 속도를 낮춰
읽기가 편하다면 계속 속도를 낮춰 읽기를 권한다.

◆ 글을 직시하지 않는 버릇이 심할 경우 손가락으로 밑줄을 긋듯 짚
어가며 읽는다.

2) 끊어서 읽는다.

한꺼번에 너무 많이 읽으면 잘 생각할 수 없다. 소화할 수 있는 만큼
이상으로 이것저것이 마음속으로 들어오면 충분히 생각할 수 없다.
김밥 한 줄은 여러 조각으로 썰어서 먹는다. 왜냐하면 한 줄을 한 번
에 먹을 수 없기 때문이다. 배고프다고 한 번에 김밥 두세 조각씩 먹
으면 체할 수 있다. 책을 읽을 때도 여러 문장을 연이어 계속 읽는 것
이 아니라 적절히 쉬어 가면서 끊어 읽는 게 좋다. 소화할 수 있을 만
큼 끊어서 읽어야 각각에 대해 충분히 생각할 수 있다.

◆ 한 문장을 읽고 곧바로 다음 문장으로 넘어가지 않는다.

읽은 문장 끝에 '/'를 긋는다. '/'의 의미는 "문장을 다 읽었으니 이제는 읽은 부분에 집중할 때야."라고 다짐하기 위함이다. 읽은 문장의 의미를 충분히 파악했다고 느낄 때 다음 문장을 읽는다.

◆ 필요하다면 절 또는 구마다 끊어 읽는다.

정확히 읽을 수 없을 때 읽는 속도를 조절했던 것처럼, 내용이 마음에 들어오지 않거나 의미를 이해할 수 없을 것처럼 느껴지면 끊어서 조금씩 읽는다.

3) 단어의 의미를 분명히 생각한다.

앞에서 모르는 줄 모르는 단어에 대해 충분히 배웠다. 늪에 숨어 있는 단어처럼 모르는 줄 모르는 단어가 아닌지 잘 생각해 봐야 한다.

◆ 읽다가 생각해 볼 만한 단어가 있으면 밑줄을 긋는다.

"내가 이 단어의 뜻을 뭐라고 알고 있지?", "이 단어는 여기서 무슨 의미지?"라고 자신에게 질문하고 답을 생각한다. 단어에 표시를 해 두면 나중에 사전을 찾아보기에 편하다.

4) 표현 너머의 상황, 배경 등을 생각한다.

◆ 문장이 말하는 문자 그대로의 의미 외에 상황, 배경을 생각한다. 일

상 속에서 '배고파'라는 표현은 문자 그대로 말하는 사람이 배가 고프다는 뜻이다. 그렇지만 거기서 멈추지 말고 '배가 고프다'는 말을 하는 상황이나 배경을 생각해 보라. '밥 먹을 시간이 많이 지났구나', '열심히 일을 한 모양이군'이라고 생각할 수 있다. 마찬가지로 '주가(주식의 가격)가 떨어졌다.'고 하면 주가가 떨어진 이유가 무엇일지 생각한다.

앞의 네 가지 Tip을 다음 글에 적용해 보자.

자동차 시장에서 전기차의 수요가 점점 증가하고 있다. 전기차는 환경에 미치는 영향이 적고, 연료비 절감 효과가 크기 때문에 많은 소비자들이 관심을 가지고 있다. 하지만 충전 인프라의 부족은 전기차 보급 확대에 있어 중요한 해결 과제로 남아 있다.

'문장을 정확히 읽는다'는 요령대로 잘 읽었는가? '전기차가 환경에 미치는 영향이 무엇인지 생각할 수 있도록 끊어 읽었는가?(끊어 읽을 필요가 없다면 OK) '인프라'가 무슨 의미인지 분명히 알고 있는가? 의미를 생각하면서 '충전 인프라의 부족'이 구체적으로 어떤 상황인지 생각했는가?

앞과 같이 정확히 읽고, 읽은 것으로부터 적절히 생각할 수 있도록 연습하자. 책을 읽는 자신의 마음에 충분히 집중하여 자신의 생각을 잘 관찰하기 바란다.

연습하기

마음을 읽기 위한 요령에서 소개한 4가지 tip에 유의하여 다음의 1~4 글을 읽는다. 글을 읽을 때 마음을 읽도록 노력한다. 글을 기억하려 하지 말고 마음에 남은 내용을 기록한다.

1.

현대 사회에서는 많은 사람들이 바쁜 일상 속에서 스트레스를 경험하고 있다. 스트레스는 건강에 해로울 수 있으며, 지속적인 스트레스는 우울증이나 불면증과 같은 문제를 초래할 수 있다. 이에 따라 명상이나 운동과 같은 스트레스 관리 방법이 많은 주목을 받고 있다.

2.

고대 문명들은 모두 자신만의 독특한 예술과 문화를 발전시켰다. 이들은 종교적, 사회적 요소와 깊이 연결되어 있었으며, 조각, 그림, 건축 등을 통해 그들의 세계관을 표현했다. 예를 들어, 이집트 문명은 피라미드와 같은 거대한 건축물을 통해 사후 세계에 대한 믿음을 나타냈다. 이러한 예술적 표현은 단순한 장식이 아니라, 당시 사람들의 삶과 사고방식을 반영한 중요한 기록이다.

3.

전통적인 출판 산업은 디지털 미디어의 발달로 큰 변화를 겪고 있다. 많은 사람들이 종이책 대신 전자책을 선호하며, 출판사들도 이에 맞춰 디지털 콘텐츠를 제공하고 있다. 그러나 여전히 종이책을 선호하는 독자들도 많아, 출판업계는 두 매체 간 균형을 맞추는 데 어려움을 겪고 있다.

_____

_____

나.

현대 사회에서 데이터는 중요한 자산으로 간주되고 있다. 기업들은 고객의 행동 패턴, 선호도 등을 분석하기 위해 데이터를 수집하고 활용한다. 이를 통해 맞춤형 서비스를 제공하거나 마케팅 전략을 세우는 데 도움을 준다. 하지만 데이터 수집이 과도해지면 개인의 사생활 보호 문제가 발생할 수 있다.

_____

_____

1. 선택한 책으로 마음을 읽는 독서를 한다.

 ◆ 읽기의 주인공은 나라는 것을 되새기면서 글보다 자신의 마음에 집중한다.
 ◆ 4가지 요령을 활용하여 충분히 생각할 수 있는 상태를 유지한다. 마음을 잘 살펴
  보면서 자신이 어떤 생각을 하는지 주목한다.

2. 읽은 후 무엇을 경험했는지 독서일지에 기록한다.

3장

이해 :
독서의 목적과 목표

이해는 글을 읽으며 새로운 정보와

기존의 지식을 연결해 의미를 구성하는 과정이다.

이해하지 못할 때는 자신의 마음을 관찰하고,

읽은 내용을 적극적으로 평가하며,

필요한 경우 새로운 정보를 탐색해 문제를 해결해야 한다.

1.

이해를 아십니까?

글을 읽고 이해하는 건 어떻게 생각을 하는 걸까? 이해가 되지 않을 때 어떤 생각을 해야 할까? 사람들이 "글이 이해가 안 되면 난 이렇게 해", "이렇게 하면 글을 잘 이해할 수 있습니다!"라고 말하는 건 대략 이런 이야기들이다.

읽기를 멈추고 생각한다.
한 번 더 읽는다.
여러 번 읽는다.
앞부분을 다시 읽는다.
단어에 집중한다.

'한 번 더 읽는다'는 구체적인 행동을 말하지만 사실은 구체적이지 않다. 이해는 분명히 사고활동인데 어떤 사고를 하라는 것인지는 말하지 않기 때문이다. 한 번 더 읽으면 전과 다르게 읽는 것일까? 물론 한 번 더 읽었더니 이해가 되는 경우를 경험한 적이 있을 것이다. 처음 문장을 읽었을 때 무엇을 빠뜨린 것처럼 두 번째 읽었을 때 비로소 생각이 떠오른 경험이 있기 때문이다. 하지만 매번 두 번 읽어야 할까? 두 번 읽어도 이해할 수 없을 때는 어떻게 해야 할까? 이해가 될 때까지 계속 다시 읽기만 해야 하나? 도대체 이해란 어떤 생각인지 여전히 의문이다.

지금까지 많은 것을 이해해 왔는데 이해하는 법을 말할 수 없는 게 당황스러울 수 있다. 사실 대부분의 사람들은 글을 어떻게 이해하는지 설명하지 못한다. 설명하지 못하지만 이해할 수 있는 것은 이해할 수 있다. 문제는, 이해하지 못할 때 어떻게 할 수 있는지 모르는 것이다. 그래서 이해하지 못하는 것이 존재한다. 생각해 보면 이해할 수 있었던 모든 것을 단번에 이해한 것은 아니다. 어떤 것은 바로 이해했지만 어떤 것은 약간의 과정을 거쳐서 이해한다. 그 과정이 무엇인지 알아보자. 어떻게 그 과정을 밟아 나가는지 배우도록 하자.

정리하면, '이해한다'는 건 이런 난해함이 있다.

이해할 수 있지만, 어떻게 하는지는 모른다.

어떤 것은 이해할 수 있지만, 어떤 것은 이해할 수 없다.

이해할 수 없는 것을 만나면 어떻게 해야 할지 모른다.

어떻게 이해하는지 알아야 하는 이유는 이해력을 발전시키기 위해 서다. 일정 나이에 도달하면 알아서 이해력이 발전하지는 않는다. 그 래서 진학, 취업, 이직, 승진, 관심 전환 등으로 이전과 다른 글을 읽어야 할 때 적응하지 못하는 어려움이 생긴다. 성장을 위해서는 이해하는 법을 배우자. 이해가 무엇인지, 어떻게 하는지, 어떤 상태가 이해한 것인지 배우자. 이해하는 방법을 배우고 연습하자.

2.

연결하지 못하면
이해할 수 없다

이제 한 커플의 이야기를 읽어보자. 마음속으로 커플의 상황을 상상하자. 여러분이 마음속에서 무엇을 연결했는지 나중에 이야기 나눠볼 것이다.

한 커플이 있다. 만나서 연인으로 발전한 지 100일, 그러니까 두 사람이 사귄 지 100일이라고 알고 있는 그 날이 되었다. 그런데 여자친구는 남자친구를 만나지도, 연락을 받지도 못했다. 계속 연락을 취한 끝에 밤늦게서야 전화 통화를 할 수 있었다.

"왜 이렇게 전화를 안 받아? 무슨 일 있어?"

"미안해."

"오늘 무슨 날인지 알아?"

"아니, 몰라. 무슨 날이야?"

"무슨 날이야라니…. 오늘 우리 만난 지 100일 된 날이야."

"어… 그랬어? 미안해."

"아니, 어떻게 연락도 없이 이럴 수가 있어? **정말 이해할 수가 없어!!**"

이런 경우에 우리는 '이해할 수가 없다'는 말을 쓴다. 과연 뭘 할 수가 없어서 이해할 수 없다고 한 걸까?

여자친구에게는 이러한 생각이 있었다.

- ♥ 사귀는 사람들은 100일을 기념한다.
- ♥ 우리는 사귀는 사이다.
- ♥ 따라서 우리가 100일이 되었을 때 100일을 기념해야 한다.

그래서 여자친구는 남자친구와 백일을 기념하게 될 것을 기대하고 있었다. 그런데 기대와 달리 남자친구는 만날 수 없었고 연락조차 없었다. 뿐만 아니라 남자친구는 100일이라는 것을 전혀 알지 못하고 있었다. 여자친구가 이러한 상황을 받아들일 수 없었던 이유는 자신이

111

생각한 바와 맞지 않기 때문이었다. 즉, 자신이 생각했던 바와 어울리지 않은 상황을 맞이했을 때 이해할 수 없다고 말한다.

3.

이해란 연결하여
의미를 구성하는 것

앞의 내용을 생각해 보면, 이해란 자신의 생각한 바와 어울리는 것이라고 말할 수 있을까? 조금 더 살펴보자. 약간의 화를 누그러뜨린 다음에 "도대체 왜 그래?"라고 물었다. 자, 그다음을 한번 읽어 보자.

"도대체 왜 그래?"
"미안해, 사실은 동생이 며칠 전부터 갑자기 아프기 시작하더니 어제 수술을 받았어."
"그건 또 무슨 일이야? 갑자기 왜?"
"어쨌든… 그래서 며칠 전부터 정신이 없었어. 100일이라는 것도 지금 듣고 알았어."
"진작 말을 하지 그랬어. 서운하기는 하지만 괜찮아. **이해해.**"

이번에는 이해를 했다. 어떻게 이해를 할 수가 있었을까? 여자친구는 이해하기 위해 노력을 했다. 도저히 이해할 수 없지만, 혹시 이해할 수 있을 만한 새로운 정보가 없는지 알아보고자 한 것이다. 바로 "도대체 왜 그래?"라고 물어본 걸 통해서다. 덕분에 남자친구는 어쩔 수 없었던 사정을 말할 기회를 얻었다. 여자친구는 이 이야기를 듣고 다음과 같은 생각과 연결시켰다.

♥ 갑자기 가족이 심하게 아프면 매우 당황스럽고 다른 일에 신경 쓸 수 없다.

이것 역시 평소에 갖고 있던 생각이다. 이 생각으로 인해 남자친구가 100일을 잊어버릴 만하다고 생각한 것이다. 여기서도 자신의 생각에 맞는 상황이었기 때문에 이해할 수 있었다.

그런데 여기서 생각이라고 하는 그것은 그때그때 달라지는 것이 아니라, 늘 그렇다고 알고 있는 '지식'이다. 이전부터 가지고 있던 지식과 연결했을 때 어울리면 이해할 수 있고, 어울리지 않으면 이해할 수 없다.

레이몬드 닉커슨(Raymond Nickerson)이라는 심리학자는 「이해를 이해하기(Understanding Understanding)」에서 '이해는 사실을 연결하는 것, 새로 획득한 정보와 이미 알고 있는 것을 연관시키는 것, 지식의 조각을 통합적이고 응집성 있는 전체로 엮는 것.'이라고 말했다.

다이 하운셀(Dai Hounsell)이라는 학자는 '생각, 아이디어 및 정보를 연관짓거나(relating) 연결(linking)하여 일관된 전체를 형성하는 것이 이해의 중요한 특징.'이라고 말했다. 두 학자의 말을 많이 요약하면, '이해는 연결하기'라고 말할 수 있다.

앞에서 구성주의자 독자를 설명할 때 '독자가 글을 읽고 의미를 구성(construct)한다.'고 말했다. 그때 construct의 뜻은 '의미를 만들기 위해 생각들(ideas), 단어들(words) 등을 조직(organize)한다.'고 설명했다. 그런데 construct의 기본 의미는 '건물, 구조물 등의 물리적 실체가 모양을 유지할 수 있는 구조로 연결하고 쌓아서 만든다.'이다. 글을 이해하는 건 바로 마음속에 들어갈 정신적 구조물을 잘 쌓는 것과 같다. 정신적 구조물을 쌓기 위해 단어의 개념과 문장의 생각들을 서로 연결하고 차곡차곡 쌓아서 조직하자. 이렇게 보니 이해와 의미 구성은 둘 다 '연결한다'는 점에서 매우 흡사하다.

여기서 중요한 건 지식을 보관하고 있다고 해서 무조건 이해할 수 있는 건 아니라는 점이다. 여자친구는 '가족이 심하게 아프면 다른 일에는 신경 쓸 수 없다.'는 지식을 원래부터 갖고 있었다. 그렇지만 처음부터 자신의 남자친구가 100일을 모르고 있었는지를 이해하지 못했다. 왜냐하면 둘을 연결하지 못했기 때문이다.

다행히 남자친구가 도대체 왜 그랬는지 '이해하려고' 질문을 하자,
질문에 대한 답으로 남자친구의 동생이 아팠다는 사실을 들을 수 있
었다. 그 말을 듣고 비로소 가족이 심하게 아프면 다른 일에는 신경
쓸 수 없다는 지식이 떠올랐다. 우리가 이해라는 걸 하기 위해서는 새
로운 생각을 하거나 새로운 정보를 찾는 등의 노력을 해야 한다는 걸
알 수 있다. 우리가 뭔가를 이해할 수 없었을 때 의식적으로 "아, 이게
왜 그런 거야?"라고 스스로에게 질문을 던져 보자. 그래서 이해할 수
있는 것이 있을까, 무엇을 통해 이것을 이해할 수 있을까, 이것을 독
자가 찾아내야 하는 것이다.

　나는 이해를 하기 위해 다음 ①~④를 강조하고 싶다.
◇ 남자친구와 나는 정식으로 사귀는 사이다 → 배경지식
◇ 남자친구가 100일을 잊음 → 문제발생
　① 이해가 안 돼! (내 남자친구는 나와의 100일을 기억해야 하는데)
　　→ '내 지식과 어울리지 않아'서 이해할 수 없다는 걸 인식
　② 도대체 왜 그래?
　　→ 이해하기 위한 전략 중 새로운 정보 탐색하기 선택
◇ 동생이 아팠어 → 새로운 정보 유입
　③ 가족이 아프면 다른 일에 신경을 쓰기 힘들다 → 문제와 연결할
　　기존 지식을 불러냄

④ 남자친구가 100일을 기억하지 못한 건 '가족이 아파서 다른 일에 신경을 쓸 수 없었기 때문이야.' → 기존 지식과 문제를 연결(이해)

독자는 글을 읽는 동안 자신이 얼마나 이해하는지를 알아야 한다. 이것이 ①이해도 점검(Comprehension monitoring)이라는 것을 앞에서 배웠다. 만약 충분히 이해하지 못했다고 판단하면 이해를 할 수 있는 방법을 실행하고, 그것으로 문제를 해결하자. 이해를 위한 문제 해결 방법을 ②이해전략이라고 말한다. 가장 중요한 이해전략은 ③추론이다. 추론은 독자가 보유하고 있는 배경지식을 기반으로 미루어 생각하는 것이다. 배경지식을 탐색하거나, 이전 내용을 참고하거나, 이들을 통합하여 추론이 일어날 수 있도록 추론을 준비하자. 추론은 다음 장에서 배울 것이다.

이해하기 위해 노력하는 사람들의 예를 읽어보자. 어떤 노력으로 이해할 수 있는지 읽고 독서뿐만 아니라 일상에도 적용하자.

1)
대학생인 수지는 학기 초에 수업에서 힘든 시간을 보내고 있다. 수업 내용이 이해되지 않았고, 교수님의 설명이 너무 복잡하게 느껴졌다. 어느 날, 그녀는 과제를 하다가 친구인 민호에게 도움을 요청했다. 민호는 수지에게 말했다.

"이 부분은 전에 배운 것과 관련이 있어. 지난주에 공부했던 개념을 기억해? 그 개념을 사용하면 이 문제를 풀 수 있어."

수지는 민호의 설명을 들으면서 깨달았다. 이전에 배운 내용을 새로 배운 내용과 연결하니 이해가 되었다.

☞ 관련된 지식을 통해 이해할 수 있다. 하지만 최근에 새로 알게 된 지식이나 잘 알지 못하는 지식, 여러 번 적용한 경험이 없는 지식이라면 이해하는 데 활용하지 못할 수 있다. 이해에 도움이 될 지식을 기억 속에서 찾고 적용하는 연습이 필요하다. 독서를 하면서 의식적으로 연결 지어 생각할 만한 것이 무엇일지 생각해 보자.

2)

직장인 지훈은 최근 프로젝트에서 어려움을 겪고 있다. 클라이언트가 요구한 사항을 제대로 이해하지 못했기 때문이다. 지훈의 상사는 다음과 같이 말했다.

"클라이언트가 원하는 건 최근 시장 트렌드와 연결되어 있어. 그 트렌드를 이해하면 클라이언트의 요구가 왜 그런지 알 수 있을 거야."

지훈은 상사의 설명을 듣고 나서야 클라이언트의 요구를 이해하게 되었다.

☞ 이야기, 지식, 사건 등은 맥락(배경, 상황)을 함께 고려하였을 때

이해할 수 있다. 눈에 보이는 것, 글에 적힌 내용만 보는 것이 아니라 어떤 상황에서 벌어진 일인지, 그 사람이 무엇을 의도하거나 원했을지 생각해 보자.

※ 마음속으로 적절한 이해전략을 적용할 수 있도록 도와주는 외적 행동이 있다. 이것을 읽기 전략이라고 말하는 사람들도 있다.

◇ 단어의 의미에 집중한다. 단어를 오래 본다.
 ; 단어지식을 충분히 문장이해에 반영하거나 불충분한 지식을 보완할 수 있는 기회.
◇ 이해가 되지 않은 문장을 다시 읽는다.
 ; 문장 이해를 재시도하는 기회.
◇ 이해가 되지 않은 문장의 주변 문장을 다시 읽는다.
 ; 문장 이해에 반영하지 않은 맥락 정보를 재발견하는 기회.
◇ 이전 내용을 되돌아본다.
 ; 이전의 내용을 참고해서 지금 읽는 문장의 내용을 다시 이해하는 기회.
◇ 읽기를 멈추고 읽은 부분에 대해 생각한다.
 ; 처음 읽는 동안 활용하지 않은 맥락, 단어의미, 지식 등을 점검, 탐색하는 기회

◇ 긴 문장을 끊어 읽는다

; 한 번에 처리하지 못한 많은 의미를 작게 나눠 부분에 집중하여 처

리할 기회

2부 성장하는 독자를 위한 5가지 문해력 수업

연습하기

다음 글을 읽고 질문에 답한다.

한 연구팀은 실내 공기의 질이 학습에 미치는 영향을 조사했습니다. 연구결과, 산소 농도가 높은 환경에서는 학생들이 더 집중하는 경향을 보였고, 이산화탄소 농도가 높아지면 집중력이 떨어지는 현상이 관찰되었습니다.

왜 앞과 같은 현상이 관찰되었을까?

_____

_____

한 연구에서 두 무리의 사람들에게 각각 따뜻한 차와 차가운 음료를 제공했습니다. 따뜻한차를 제공했을때, 사람들은 상대방에 대해 더 긍정적인 감정을 가졌고, 차가운 음료를 제공받았을 때는 부정적인 감정을 느끼는 경향이 있었습니다.

왜 앞과 같은 경향이 나타났을까?

_____

_____

한 사람이 바닷가에 가면 탁 트인 수평선을 보며 자유로움을 느끼고, 산에 가면 높은 봉우리를 오르며 성취감을 느낀다고 말했습니다.

그는 왜 앞과 같은 감정을 느꼈을까?

_____

_____

3장 이해 : 독서의 목적과 목표

독서에
적용하기

1. 선택한 책을 읽으면서 이해가 되지 않는 부분을 찾는다.

2. 무엇이 이해가 되지 않는지 생각한다.

- ◆ 마음에 집중하였는가?
- ◆ 찾아봐야 할 단어가 있는가?

3. 'ㅇㅇ는 ~~하다'는 설명에 대해 '왜?'라는 질문을 하고 답을 한다.

   답을 찾을 수 없다면 다음을 따른다.

- ◆ 이해하는 데 도움이 될 지식을 마음속에서 찾는다.
  - – 글에 언급된 것에 관한 직접적인 지식부터 관련된 지식으로 확장하여 찾는다.
  - – 앞서 읽었던 내용도 돌아본다.
  - – 끝까지 이해가 되지 않으면 표시한 후에 넘어간다.

4. 이해하는 데 성공한 경험을 독서일지에 기록한다.

- ◆ 무엇을 이해할 수 없었으나 이해했는지 기록한다.
- ◆ 어떻게 이해했는지 과정과 방법, 노력을 상세히 기록한다.

5. 이해할 수 없는 부분을 만났을 때 기록한 것을 돌아본다. 계속해서 성공할

   수 있음을 기억한다.

4장

추론 :
깊이 이해하는
가장 중요한 전략

추론은 글에 명시되지 않은 숨겨진 의미를
배경지식과 연결해 독자가 스스로 도출하는 능력이다.
추론을 통해 독자는 글의 겉에 드러난 정보뿐 아니라
그 이면의 의미까지 파악하여 더 깊이 이해할 수 있다.

1.

이해할 수 없을 때
이해하는 법

책을 잘 읽지 못하는 사람이나 평소보다 어렵고 낯선 책을 읽는 사람은 이해가 되지 않을 때 무엇을 어떻게 해야 할지 몰라 생각이 멎거나, 자연스럽게 아무 생각 없이 눈만 지나가는 경우가 많다. 앞에서 이해는 연결이라고 설명했다. 여기서는 연결을 어떻게 하는지 설명하도록 하자.

예로 들었던 '100일을 기념하지 못한 커플'을 다시 생각해 보자. 여자친구는 100일을 잊어버린 남자친구를 이해할 수 없었다. 하지만 동생이 아파서 그랬다는 사실을 알자 이해할 수 있었다. 남자친구의 가족이 심하게 아팠다는 사실은 처음 대화할 때는 없던 정보였다. 이 정보가 남자친구를 이해할 수 있게 해준 결정적인 역할을 했다. 여자친구는 어떻게 이 정보를 획득할 수 있었을까? "도대체 왜 그래?"라고 남자친구에게 물어봤기 때문이다. 여자친구는 남자친구에게 피치 못할 사정이 있었다는 것을 알고 있었을까? 그럴 수도, 그렇지 않을 수도 있다. 확실한 것은 도저히 '이해할 수 없는' 상태임을 알았다는 것이다. 현재 자신이 아는 바로는, 자신이 아는 것을 통해 생각하는 바로는 이해할 수 없다는 것을 알았다. 그래서 새로운 정보를 얻기 위해 물어봤다. 만약 이미 알고 있는 것 안에서만 생각했다면? "보나마나 친구들과 어울려 밤새도록 축구나 보고 있었겠지." 이렇게 생각했을 수 있다.

질문하여 새로운 정보를 얻는 것은 매우 좋은 이해 전략이다. 결정적인 내용이나 정보를 놓쳐서 이해하지 못했을 수도 있다. 유용한 정보를 알지만 읽고 있는 글과 연결지어 생각하지 못했기 때문에 이해하지 못했을 수도 있다. 모두 이해를 가능하게 하는 정보가 있어야 이해할 수 있는 공통점이 있다. 지나치지 않고 정보를 구하려면 이해하지 못했다는 걸 인식하는 게 중요하다. 그런 다음 "이걸 어떻게 이해하지?", "왜? 그렇지?"라고 스스로 질문을 던져야 한다. 스스로 답을 찾는 데 집중하거나, 필요하면 읽기를 중단하고 검색을 해보거나, 다른 사람에게 물어보는 등의 방법을 취할 수 있다. 어떤 방법을 취하든지 이해는 '되는 것'이 아니라 '하는 것'임을 기억하자. 따라서 자신이 이해했는지 이해하지 못했는지 점검하고, 질문하고, 정보를 구하는 주체적이고 능동적인 생각을 하며 읽자.

2.

말하지 않아도
'추론으로' 알아요

스스로 답을 찾는 방법 중 하나는 추론이다. 추론은 주어진 정보나 데이터로부터 새로운 결론이나 지식을 도출하는 과정이다. 관찰된 정보를 기반으로 결론을 이끌어내는 능력을 말한다. 추론을 표준국어대사전에서 찾아보면 다음과 같이 정의되어 있다.

1. 미루어 생각하여 논함.
2. 어떠한 판단을 근거로 삼아 다른 판단을 이끌어냄.

국어교육에서는 '추론하여 읽기'라는 개념이 있었다. 추론하여 읽기란 '글에 나와 있는 정보로부터 직접적으로 드러나지 않은 부분을 미루어 생각하며 읽는 것'을 말한다. 여기서 '드러나지 않은 부분'에 해당

하는 것은 배경지식, 이전에 읽은 내용 등 우리 마음속에 있는 것이다.

읽기에 관한 세계적인 학자인 찰스 퍼페티(Charles A. Perfetti)는 죠셉 스타퓨라(Joseph Z. Stafura)와 함께 쓴 논문 「추론 없이 글의 암시적 의미 이해하기(Comprehending implicit meanings in text without making inferences)」에서 다음과 같은 표를 제시했다.

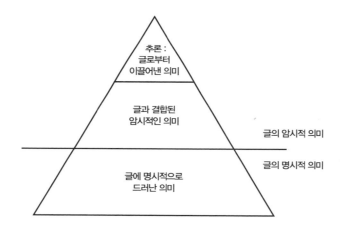

이 표는 언어 그대로의 명시적 의미와 암시적 의미를 구분한 것이다. 명시적 의미는 글에 적힌 그대로 알려주는 내용이고 암시적 의미는 글을 읽는 사람이 마음속으로 헤아려 아는 뜻이다. 글을 읽으면 먼저 명시적 의미를 접하고, 이해할 수 있는 능력만큼 암시적 의미를 파악할 수 있다. 다음 글을 읽어보자. 자동적으로 떠오르는 생각이 있을

2부 성장하는 독자를 위한 5가지 문해력 수업

것이다.[19]

한 의과대학에서 수행된 실험에서는 정신병 치료약을 빨간색, 파란색, 녹색 등으로 코팅하여 효과를 관찰했습니다. 실험 결과, 빨간색으로 코팅된 약은 사람들의 흥분을 유발하는 경향이 있었고, 파란색이나 녹색으로 코팅된 약은 진정 효과를 보였습니다.

위 글을 읽은 다음 어떤 색의 약을 먹었을 때 어떤 효과가 있었다는 내용이 남아 있는가? 그렇다면 왜 빨간색 또는 파란색 약이 사람들에게 효과가 있었는지 생각해 보자. '글에는 없지만' 다음 괄호 안에 들어갈 배경지식을 마음속에서 떠올려 보자.

빨간색 – (   ) – 흥분   파란/녹색 – (   ) – 진정

괄호 안에 들어갈 것을 한 단어로 말하기는 어려울 것이다. 그러나 마음속에 간결하면서 당연한 것 같은 지식이 있다. 빨간색과 연결된 감정이나 사물, 개념 등을 생각해 보자. 흥분, 열정, 투우사의 빨간색 천, 불, 소방차, 피, 위험 등 다양한 것들이 떠오를 수 있다. 이런 지식이 떠오른 덕분에 '빨간색 약은 사람들의 흥분을 유발했다'는 문장을

---

19 '2장. 독서 : 책보다 마음을 읽자, 마음을 읽어야 하는 이유' 참조

4장 추론 : 깊이 이해하는 가장 중요한 전략

읽고 '빨간색 → 흥분'이 '그럴 만하다'고 판단할 수 있다. 비슷한 방식으로 다음 글을 읽어보자.

이와 비슷한 결과를 나타내는 다른 관찰에 의하면, 유치원생 20명을 빨간색 방과 파란색 방으로 나누어 머물게 한 후, 그들의 행동을 관찰한 결과, 빨간색 방에 있는 어린이들은 육체적인 활동에 더 많은 시간을 할애했고, 반면에 파란색 방에 있는 어린이들은 정적인 활동에 더 많은 시간을 할애했습니다.

이번에는 약이 아니라 방이다. 하지만 어린이들도 방에서 빨간색, 파란색의 영향을 받았을 것이라고 생각할 수 있다. 앞의 글과 동일하게 괄호 안에 들어갈 배경지식을 떠올렸을 것이다.

빨간색 - (   ) - 육체놀이   파란색 - (   ) - 정적 활동

지금 자신의 마음을 들여다보자. 여러분의 마음에는 방금 읽은 긴 문장의 '빨간색 방~육체 놀이', '파란색 방~ 정적인 활동'과 같이 연결된 정보뿐 아니라, 앞에서 읽은 의대 실험 '빨간색 약, 파란색 약' 이야기도 함께 환기되었을 것이다. 이는 직전에 읽은 내용이 마음속에서 멀어지지 않은 상태에서 읽은 다음 문장의 내용이 유사하기 때문이다.

의대 실험(약)	빨간색 – (	) – 흥분	파란/녹색 – (	) – 진정
저자 관찰(방)	빨간색 – (	) – 육체놀이	파란색 – (	) – 정적 활동

글을 읽을 때 동일한 것, 유사한 것, 또는 대조하거나 비교할 만한 것이 나오면 독자는 앞의 내용을 떠올린다. 뿐만 아니라, 인과관계로 연결될 만한 것에도 마음이 반응한다. 그래서 '앞에서 읽은 A가 일어 난 원인이 바로 B 때문이었겠구나.'라든지, '어쩐지 A 하더니 결국 B 하게 될 줄 알았어.' 등의 생각을 하게 된다.

추론은 이해하기 쉬운 글을 읽을 때는 자동적으로 일어나는 경우가 많다. 그러나 독자는 자신이 추론을 했는지 알아차리기 어렵다. 반면, 이해하기 위해 특별히 신경을 쓰거나 노력을 기울여야 하는 글을 만 날 때는 의도적으로 추론을 하기 위해 마음을 집중하고 노력할 필요 가 있다.

3.

추론하기 위해
배경지식을 탐색하자

의도적으로 추론을 하기 위해서는 많은 연습이 필요하다. 또한, 추론이 가능하려면 적절한 배경지식이 뒷받침되어야 한다. 따라서 추론을 하지 못했다면 추론 능력이 부족했거나, 배경지식이 부족했기 때문일 수 있다. 예를 들어 '100일을 기념하지 못한 두 남녀 커플의 이야기'에서는 사귀는 사이는 100일을 기념한다거나, 가족이 아프면 다른 것에 신경을 쓰기 어렵다는 배경지식을 바탕으로 추론을 했다. 이러한 배경지식은 일상생활에서 흔히 접하는 내용으로, 마치 상식처럼 거의 모든 사람이 알고 있는 지식이라 할 수 있다.

사람들은 종종 '지식이란 정확한 사실'이라는 생각을 가지기 쉽지만, 사실 지식의 기본 의미는 '경험, 교육, 연구 등으로 얻은 인식'이다. 따라서 경험이나 교육에 따라 불완전하거나 부정확한 지식을 배경지식으로 갖고 있을 수 있다. 그러면 독자는 부적절한 배경지식을 바탕으로 추론을 할 수밖에 없다. 이 때문에 적절한 배경지식을 갖는 것은 매우 중요하다. 배경지식은 문해력에서 어휘력만큼 중요한 요소이며, 많을수록 좋다. 만약 글이 다루는 주제가 독자가 가진 배경지식을 크게 뛰어넘으면 그 글을 이해하기 어렵다. 이럴 때는 필요한 배경지식을 찾으면서 읽거나, 자신의 배경지식 범위 내에서 조금씩 새로운 지식을 확장해 나가는 것이 좋다. 또한, 때로는 글을 읽으며 새로운 배경지식을 얻기도 한다.

예시로 든 커플의 이야기는 일상생활에서 일어나는 대화 상황을 다루었으며, 추론하기 위해 참고한 배경지식은 사귀는 커플 간의 문화, 즉 100일을 기념하는 관습이었다. 이러한 삶에 관한 지식은 경험을 통해 자연스럽게 쌓이는 경우가 많고 서사적 글(소설 등)을 읽을 때 자주 활용된다.

반면, 지식을 설명하거나 소개하는 글을 읽을 때는 다른 종류의 배경지식, 즉 해당 주제와 관련된 영역 지식(domain knowledge)이 필요하다. 예를 들어, 천체의 움직임을 설명하는 글을 읽으려면 별자리, 망원경, 중력 등에 대한 기본 지식이 있어야 글을 이해할 수 있다. 앞서 의대에서 빨간 약 실험을 다룬 예시에서도, 색이 행동이나 정서를 유발한다는 상식적 지식이 있었기에 쉽게 이해할 수 있었던 것이

4장 추론 : 깊이 이해하는 가장 중요한 전략

다. 그러나 전문적인 글일수록 해당 영역에 대한 높은 수준의 배경지식이 필요하기 때문에, 지식을 다룬 글이 더 어렵다고 느낄 수 있다. 그래서 많은 사람들이 소설은 쉽게 읽지만 지식을 다룬 글은 어렵다고 말한다. 이는 독자가 관심을 갖고 있는 분야나 이미 아는 지식이 있는 분야의 글을 읽기 더 쉽다고 느끼는 이유와도 관련이 있다.

일반적으로 삶에 관한 이야기가 설명적인 글보다 읽기 쉽다고 여겨지는 이유는, 삶에 관한 배경지식은 자연스럽게 쌓이는 반면, 특정 영역에 대한 지식은 관심을 가지고 의도적으로 학습해야만 얻을 수 있기 때문이다. 반대로 소설을 읽기 어려워하는 사람들도 있다. 이들은 일상생활의 사건들이나 사람 간의 대화와 감정에 무관심한 경우가 많다.

세 문장으로 구성된 글을 읽으면서 자신의 마음을 잘 살펴보자. 각 문장을 읽으면서 '왜?'라고 스스로 질문하고, 관련된 지식에서 답을 찾는다. 다른 문장과 함께 생각한다.

1.
ㄱ. 우주 탐사는 인류의 미래를 위한 중요한 도전 과제이다.
ㄴ. 최근 민간 기업들도 우주 탐사에 적극적으로 참여하고 있다.
ㄷ. 이는 우주 여행 상업화의 가능성을 열어주고 있다.

어떤 질문을 하고 어떤 답을 했는지 기록한다.

_____

_____

_____

_____

_____

_____

위에 쓴 답과 다음 예시 답을 비교하라. (답은 예시일 뿐, 정답은 아니다.)

ㄱ. 우주 탐사는 인류의 미래를 위한 중요한 도전 과제이다.

　질문 : 왜 우주 탐사가 인류의 미래에 중요한가?

　답 　: 우주 자원 탐사, 지구 외 거주 가능성 탐구 등 인류 생존과
　　　　발전에 중요한 역할을 하기 때문이다.

ㄴ. 최근 민간 기업들도 우주 탐사에 적극적으로 참여하고 있다.

　질문 : 왜 민간 기업들이 우주 탐사에 참여하고 있을까?

　답 　: 기술을 발전시키기 위해, 우주 자원 탐사를 통한 상업적 이
　　　　익 추구 등 새로운 기회를 모색하기 위해서.

ㄷ. 이는 우주 여행 상업화의 가능성을 열어주고 있다.

　　질문 : 어떻게 우주 여행 상업화의 가능성이 열리는 거지?

　　답　 : 여러 민간 기업들이 참여하면 더 많은 투자와 연구로 상업

　　　　　적 활용이 가시화될 수 있다.

2.

ㄱ. 온라인 쇼핑은 편리함으로 인해 급격히 성장하고 있다.

ㄴ. 그러나 과도한 포장재 사용으로 환경 문제가 제기되고 있다.

ㄷ. 지속 가능한 쇼핑 문화를 만들기 위해 노력해야 한다.

어떤 질문을 하고 어떤 답을 했는지 기록한다.

_____

_____

_____

_____

_____

_____

위에 쓴 답과 다음 예시 답을 비교하라. (답은 예시일 뿐, 정답은 아니다.)

ㄱ. 온라인 쇼핑은 편리함으로 인해 급격히 성장하고 있다.

　질문 : 왜 온라인 쇼핑이 편리하고 이용자가 늘어갈까?

　답 　: 집에서 손쉽게 상품을 구매할 수 있고, 익숙해지기 때문일 거야.

ㄴ. 그러나 과도한 포장재 사용으로 환경 문제가 제기되고 있다.

　질문 : 정말 포장이 과도한가? 환경 문제가 될 정도로?

　답 　: 택배 배송을 위해 상품 포장이 필요하다. 포장재, 냉매 등은 최근까지 비분해성 물질로 만들어져 쓰레기와 오염을 증가시킨다.

ㄷ. 지속 가능한 쇼핑 문화를 만들기 위해 노력해야 한다.

　질문 : 지속 가능한 쇼핑 문화가 무엇인가? 그것은 왜 필요한가?

　답 　: 환경에 심각한 문제를 초래한다면 온라인 쇼핑의 단점을 극복해야만 한다. 환경 보호와 자원 절약에 힘써야 하기 때문이다.

연습하기

다음 문장들은 하나의 글이다. 각 문장을 읽으면서 마음을 읽고 기록한다. 마음속의 생각을 읽음으로써 글에 쓰여있지 않지만 스스로 이해한 바를 적는다. 이전 문장과 이전 문장을 읽을 때 생각한 바 또한 참고해서 이해할 수 있다.

산업혁명은 단순히 기계의 발전만을 의미하지 않았다.

기계 발전 외 다른 발전도 있었다는 뜻… 내가 아는 바로는 공장으로 사람들이 몰려들고, 일반 대중(노동자)의 평균연령이 줄어들고, 환경오염이 늘고… 등등

거대한 공장들이 도시 곳곳에 세워지고 사람들은 더 나은 기회를 찾아 농촌을 떠나기 시작했다.

도시의 거리에는 새로운 삶의 활기가 넘쳤지만 그곳에는 무언가 중요한 것이 바뀌고 있었다.

공장의 기계 소리는 언제나 바삐 돌아갔고 노동자들은 길고 고된 시간을 그 소리와 함께 보냈다.

자본가와 노동자 간의 거리는 점점 더 벌어졌고, 이 변화는 사람들 사이의 관계에 복잡한 영향을 미쳤다.

전통적인 공동체는 해제되었고, 사람들은 익명의 군중 속에서 새로운 방식으로 살아가야 했다.

도시의 어둡고 비좁은 골목길에는 열악한 주거 환경이 만들어졌고, 위생 문제와 질병이 퍼져나갔다.

아이들도 때로는 학교 대신 공장으로 향했고, 그들의 웃음소리는 기계의 소음 속에 묻혔다.

한편 여성들은 생계를 위해 노동시장에 나서며 새로운 역할을 부여받았지만 그들의 노동은 여전히 가벼이 여겨졌다.

이러한 변화는 사람들에게 새로운 권리를 요구하게 만들었고, 사회 개혁의 움직임이 일어났다.

거리에서는 노동자들이 더 나은 처우를 위해 목소리를 높이는 장면이 흔해졌고, 이런 작은 외침들은 결국 더 큰 변화를 불러일으켰다.

기록을 마친 후에 다음 내용을 참고한다. 참고한 후에 글을 다시 읽는다. 다음 내용에 관한 지식이 없다면 새롭게 습득하는 기회가 될 것이다.

1. 산업혁명의 배경과 주요 특징
19세기 산업혁명은 주로 영국에서 시작되었으며, 증기기관, 방적기, 기계화된 생산 공정 등 여러 기술 혁신을 포함했다. 이러한 기술 혁신은 생산성을 급격히 증가시켰고, 제조업이 중심이 된 새로운 경제 구조를 형성했다.

2. 산업혁명이 사회에 미친 영향
많은 사람들이 농촌에서 공장이 자리 잡은 도시로 이동하여 일자리를 찾았다. 이는 대규모 도시화의 시작이었으며, 도시 인구가 급증하는 현상을 낳았다. 새로운 공장들이 생겨나면서 노동자들은 긴 시간 동안 낮은 임금을 받고 일해야 했다. 이는 노동 조건의 악화를 초래했다. 부유한 산업가들이 새로운 엘리트 계층으로 자리 잡았다. 반면, 노동자 계층은 열악한 조건 속에서 생존해야 했다.
산업혁명으로 인한 불평등과 노동 착취 문제는 다양한 사회 개혁 운동을 촉발했다. 노동자들은 더 나은 노동 조건과 권리를 요구하며 노동조합을 결성했다. 산업화된 사회에서는 새로운 기술과 지식을 필요로 했다. 따라서 교육에 대한 필요성이 증가했으며, 이는 교육 제도의 발전을 이끌었다. 또한 제품을 쉽게 구입할 수 있게 되었다. 산업혁명 이후의 기술 발전은 현대 사회의 경제 구조와 생활 방식을 크게 변화시켰다. 산업혁명이 가져온 문제들, 예를 들어 환경오염과 노동 조건 문제는 여전히 오늘날의 사회에서 중요한 이슈로 남아 있다.

4장 추론 : 깊이 이해하는 가장 중요한 전략

독서에
적용하기

1. 선택한 책을 읽으면서 적극적으로 추론하기 위해 노력한다.

2. 다음 경험을 기록한다.

◆ 책에 명시적으로 쓰여있는 것 외에 알 수 있었던 것, 생각할 수 있었던 것

◆ 이전 문장, 그리고 이전 문장을 통해 지금 읽는 문장의 의미가 달라지거나 깊이
이해할 수 있었던 것

**3. 추론하기 위해 노력하여 읽으면서 가장 인상적이었던 경험을 독서일지에
기록한다.**

응집성 :
글 전체를
아울러 이해하자

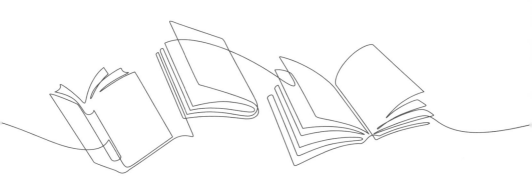

글을 전체적으로 잘 이해하려면

각 문장과 문장 사이의 관계를 파악하고

생각을 연결하여 응집성 있게 의미를 구성해야 한다.

응집성 있는 의미를 만드는 것을 읽기의 목표로 삼자.

1.

읽은 내용이
생각나지 않는 이유

책을 잘 읽지 못한다고 말씀하시는 분들은 이렇게 말한다.

"책을 읽고는 있는데, 그냥 눈만 지나온 것 같아요."

"자꾸 딴생각이 나요. 내용에 집중하기가 어려워요."

"읽을 때는 이해를 했다고 생각했는데 지나면 기억이 나지 않습니다."

왜 그럴까? 글은 여러 문장의 합이다. 각 문장은 생각을 발생시킨다. 여러 문장을 읽으면 여러 생각이 만들어진다. 그렇다면 30개 문장의 글을 읽으면 어떻게 될까? 30가지 생각이 마음에 한꺼번에 있을 수 있을까? 우리 마음은 그때그때 담을 수 있는 생각의 양[20]이 한정되어 있다. 너무 많은, 여러 가지 생각들이 들어오면 이전의 생각을 밀

어낼 수밖에 없다. 그러면 마치 산사태나 홍수가 일어난 것을 망연자 실하게 바라보듯, 넋을 놓고 '눈만 지나가는' 글읽기를 하게 된다.

글은 관련이 있는 문장들이 모인 것이다. 문장마다 발생시키는 생각 들은 서로 관련이 있다. 관련이 있는 생각들은 연결시킬 수 있다. 30 개의 생각들을 연결시키면 훨씬 적은 수의 생각들로 재조직된다. 재 조직된 생각들은 서로 긴밀하게 연결된다. 독자는 긴밀하게 연결된 생각 덩어리를 잘 기억할 수 있다. 계속 관련된 내용이 이어진다는 걸 알면 자연스럽게 내용에 몰입할 수 있다. 이전에 읽고 생각한 바를 다 음 문장을 읽을 때 참고하면 이해가 쉬워진다.

이렇게 읽기 위한 조건이 있다. 단어를 알고, 마음을 읽으며, 이해, 추론하며 읽기가 그것이다. 지금까지 이것들을 단계들을 배우고 연습 했다. 이제는 문장으로부터 떠올린 생각과 생각들이 관련성이 있다는 걸 인식하고 활용하는 기술을 익힐 것이다.

관련성을 명시적으로 드러내는 문장이 있고 그렇지 않은 문장도 있 다. 먼저 명시적으로 드러내는 문장의 예를 살펴보자.

민수는 새로운 자전거를 샀다.
그것은 빨간색이다.

---

20 작업기억(working memory)
     책 소개: 학습 어려움의 이해와 극복 : 작업기억에 달렸다. Tracy Packiam Alloway 외1

'그것'은 앞 문장의 자전거를 가리킨다. 즉, 빨간색인 것이 민수가 새로 산 자전거라는 걸 알려준다.

다음 두 문장의 관련성은 명시적을 드러나는 것과 그렇지 않은 것이 있다.

"민수가 새로운 자전거를 샀대. 이제 그는 출근 시간을 잘 지킬 수 있을 거야."

'그'는 민수를 가리킨다. 그리고 그가 새로운 자전거를 산 것과 출근 시간을 잘 지키는 것은 암시적인 관련성이 있다. 배경지식을 동원하여 추론하면 아마도 민수는 이전에 쓰던 자전거 때문에 출근 시간을 지키지 못했을 것이라는 걸 알 수 있다. 하지만 사실은 위의 두 문장으로부터 추론할 수 있는 것은 훨씬 더 풍부하다.

민수는 이전에도 자전거가 있었다.
민수는 자전거로 출근해 왔다.
민수의 집부터 직장까지 자전거로 다닐 수 있다.

위의 세 가지 생각들은 "맞아, 그렇지. 저런 생각들은 모두 앞의 두

5장 응집성 : 글 전체를 아울러 이해하자

문장의 아래에 깔려 있어."라고 생각할 수 있다. 반면 독자가 왜 자전거를 샀는지를 궁금해하면 다음 두 가지 생각 중 하나를 선택할 것이다.

이전 자전거는 고장이 났을 것이다.
이전 자전거는 도둑맞았을 것이다.
이전 자전거는 느렸을 것이다.

독자가 어떤 생각을 선택하느냐는 독자가 민수가 어떤 상황에 있다고 추측할지를 결정한다. 이렇게 문장을 통해 일어나는 생각을 선택하는 것은 독자의 몫이다. 독자는 문장으로부터 일어나는 생각들, 그리고 지식이 서로 잘 연결될 수 있도록 선택한다.

독자가 선택한다는 사실을 더 확실하게 인식해 보자. 민수에 대한 이야기를 더 들어보자. 민수가 다음과 같이 말했다.

"사실 전 자전거를 타는 것보다 꾸미는 게 더 좋았어요. 퇴근하면 피곤해서 씻고 금방 잤기 때문에 아침에 자전거를 꾸미곤 했어요. 그게 너무 재밌어서 한참 하다 보면 늦게 출근하기도 했죠. 그런데 어느 날 중고거래 플랫폼에서 너무 멋진 자전거를 발견했어요. 딱 제 취향이었죠. 그건 더 이상 꾸밀 필요가 없었어요. 그래서 당장 달려가 샀어요. 잘 닦아서 현관에 두니 그냥 보기만 해도 좋아요. 덕분에 실컷 바라보더라도 직접 꾸밀 필요가 없어서 직장에 늦지 않아요."

어떤가? 글을 읽으면서 어떤 생각을 했는지 돌아보자. 아마도 앞에서 이야기했던 생각들을 중 일부는 밀어냈을 것이다. 민수가 말한 바와 통할 수 있는 것은 남기고 통하지 않는 것은 밀어냈을 것이다.

민수는 이전에도 자전거가 있었다   → 그렇다

민수는 자전거로 출근해 왔다   → 그렇지 않다

민수의 집부터 직장까지 자전거로 다닐 수 있다 → 그렇지 않다

글이 일관된, 통일성 있는 내용이 될 수 있도록 생각을 다듬는 기술은 글 이해의 완성도를 높인다. 글 전체의 생각들을 연결하는 경험을 한 후에 이론적인 정리를 하도록 하자.

2.

생각을 연결하여
읽기 연습

다음 글로 연습을 해보자. 글을 읽으면서, 어떤 생각이 떠오르는지 마음을 살펴보자.

엘리자베스 여왕은 어제 스코틀랜드의 클라이드뱅크에서 오랫동안 연기된 기념식에 참석했습니다. 장기 파업 이후에도 이곳에는 씁쓸함이 남아 있지만, 이번에는 수백 명에 달하는 조선소 노동자들이 고위 관리들과 합류하여 피나포레호가 물에 빠지자 환호했습니다.

글을 읽으면서 어떤 생각을 했는지 표에 적는다.

글	독자의 생각
엘리자베스 여왕은	
어제 스코틀랜드의	
클라이드뱅크에서	
오랫동안 연기된 기념식에	
참석했습니다.	
장기 파업 이후에도	
이곳에는 씁쓸함이 남아 있지만,	
이번에는	
수백 명에 달하는 조선소 노동자들이	
고위 관리들과 합류하여	
피나포레호가 물에 빠지자	
환호했습니다.	

5장 응집성 : 글 전체를 아울러 이해하자

다음은 앞의 글을 읽고 생각할 수 있는 하나의 예시다. 반드시 이렇게 생각해야 한다는 것이 아니다. 정답으로 생각하지 말고 참고만 하도록 하자.

글	독자의 생각
엘리자베스 여왕은	영국의 여왕
어제 스코틀랜드의	스코틀랜드는 영국 연방 중 하나 여왕으로서 방문했을 듯
클라이드뱅크에서	어디지? 스코틀랜드겠지
오랫동안 연기된 기념식에	무슨 기념식?
참석했습니다.	여왕이 참석하는 국가적 행사인가?
장기 파업 이후에도	
이곳에는 씁쓸함이 남아 있지만,	파업의 여파 갈등과 결과에 대한 불만 때문일 듯
이번에는	
수백 명에 달하는 조선소 노동자들이	조선소에서 파업했나보다 기념식도 조선소에서
고위 관리들과 합류하여	조선소 경영진? 정부관리?
피나포레호가 물에 빠지자	'호'→배 배가 물에+조선소→진수식
환호했습니다.	씁쓸했었는데 진수식이어서?

'엘리자베스 여왕'을 읽고 독자는 그가 '영국'의 여왕이라는 사실을 연상할 수 있다. 이것은 추론이거나 이해라기보다는 아는 지식을 떠올린 것이라고 할 수 있다. 그런데 만약 누군가가 현재 영국의 정치적

상황에 대해 "엘리자베스 여왕이라면 뭐라 말할까?"라는 말을 한다면, 이때는 추론이 필요하다. '영국의 왕(또는 여왕)은 정치에 관여하지 않는다'는 배경지식에 근거하여 '여왕은 아무런 논평을 하지 않을 거야'라고 추론할 수 있다. 혹은 현재 상황의 특별한 점과 과거 엘리자베스 여왕의 어떤 행동을 참고하여 이번에는 '영국 왕(여왕)은 정치에 관여하지 않지만 이번 경우에는 이례적으로 이렇게 할지도 몰라'라고 추론할 수도 있다.

'피나포레호'에서 '호'는 보통 배를 많이 지칭하며, 특수한 목적의 비행기, 차량, 우주선 등을 지칭하기도 한다. 이전 내용에서 조선소 이야기가 나왔기 때문에 '배'라고 쉽게 생각할 수 있다. 그런데 '배가 물에 빠지자'라는 문장을 보자. 조선소에서 배를 물에 빠뜨리는 일이라면 '진수식인가 보다'라고 생각할 수 있다. 그렇다면 '여왕이 진수식에 참석한 걸로 봐서 특별한 배였나 보다'까지 도달할 수 있다.

엘리자베스 여왕은 어제 스코틀랜드의 클라이드뱅크에서 오랫동안 연기된 기념식에 참석했습니다. 장기 파업 이후에도 이곳에는 씁쓸함이 남아 있지만, 이번에는 수백 명에 달하는 조선소 노동자들이 고위 관리들과 합류하여 피나포레호가 물에 빠지자 환호했습니다.

이 글은 엘리자베스 여왕이 참석한 기념식과 주변 상황을 기술하고 있다. 그러나 다음 1~6은 기술하고 있지 않았다.

1. 여왕은 왜 기념식에 참석했나?

2. 기념식은 어떤 기념식일까?

3. 기념식은 왜 연기되었는가?

4. 어떤 사업장의 장기 파업인가?

5. 왜 씁쓸한가? 누가 씁쓸한가?

6. 노동자들과 고위 관리들은 피나포레호가 물에 빠지자 왜 환호했
   나?

그렇지만 글을 읽으면서 1~6을 궁금해하고 알기 위해 노력했다면 마음속으로 글이 묘사하고 있는 상황을 더 깊이 이해할 수 있다. 다음 표는 글을 읽으면서 위 1~6을 파악해 가는 과정을 묘사한 것이다. 어느 시점에 각 질문을 파악하는지 보자.

글	독자의 생각
엘리자베스 여왕은 어제 스코틀랜드의 클라이드뱅크에서 오랫동안 연기된 기념식에 참석했습니다.	엘리자베스 여왕이 기념식에 참석했대…. 왜? 어떤 기념식이길래 여왕이 참석했을까? 나와있지 않네. 여왕이 참석할 만한 국가적 행사였겠지? …현충일 같은 것일까? …근데 왜 연기되었던 걸까? 연기가 된 걸 보면 기념일에 하는 건 아닌 것 같은데….
장기 파업 이후에도 이곳에는 씁쓸함이 남아 있지만,	무슨 파업이야? …그렇지. 파업을. 게다가 오랫동안 파업을 하면 노동자와 경영자측은 한동안 기분이 좋을 수 없지. 쉽게 협상이 끝나지 않았을 테니까.
이번에는 수백 명에 달하는 조선소 노동자들이 고위 관리들과 합류하여 피나포레호[21]가 물에 빠지자 환호했습니다.	여기가 조선소였어? …그럼 조선소에서 파업을 했네. 조선소에는 정말 많은 사람들이 일하던데, 근데 배를 물에 빠뜨렸다는 걸 보니 기념식은 진수식이구나! 파업 때문에 배를 완성하는 시기가 늦춰졌겠네. 그래서 기념식이 연기된 거였고, 근데 여왕이 진수식에 참석한 건데, 그러면 피나포레호가 국가적으로 중요한 배인가? 아님 회사가 국가적으로 특별한 건가?
	그 외* 파업으로 인해 씁쓸했던 분위기는 진수식을 계기로 풀어졌을지도 몰라. 더구나 여왕도 참석했잖아. 영국인들은 여왕을 많이 좋아하던데. 여왕이 참석하는 진수식이니까 오래 전부터 계획이 되어 있었을 텐데 그럼에도 불구하고 파업이 오래 이어졌다면 의견 대립뿐만 아니라 감정의 골도 꽤 깊었을 거야. 하지만 결국 파업은 끝났고, 피나포레호도 완성되어 기념식을 할 수 있었어. 다 만들어진 배와 그것을 기념하는 여왕의 모습을 보고 참석한 노동자와 관리들은 마치 앙금을 씻어내듯 같이 기뻐했을 거야.

위 표에서 '글을 읽을 때 독자의 생각'을 보면, 글 초반에는 1~6의 답을 찾지 못하고 있다. 그러나 후반부에 가서 '조선소'가 중요한 단

---

21   오페라 H.M.S. Pinafore에서 피나포레호는 영국 해군 군함이다. H.M.S.은 영국 군함 이름 앞에 붙는 Her/His Majesty's Ship의 약자

서가 되어 연쇄적으로 여러 질문의 답을 찾을 수 있었다. 답은 글에서 명시적으로 알려주는 정보 사이의 틈을 메워 준다. 그러면 글의 여러 정보들은 서로 강하게 연결되어 글 전체가 말하는 상황을 깊이 이해할 수 있게 도와준다.

별표(그 외)와 같은 추가적인 해석도 가능하다. 위 글을 보면 글의 내용들이 다소 복잡하게 연결되어 있는 것을 알 수 있다. 독자가 글을 읽으면서 이쪽저쪽의 내용 사이에서 연결을 발견하면, 전체 내용은 굉장히 단단히 묶이게 된다.

3.

응집성(coherence)이란
무엇인가?

이전까지 '이해는 연결'이라고 간결하게 설명했다. 지금부터는 이해에 대한 이해를 더 발전시켜보자. 3장에서 이해를 설명한 부분을 다시 살펴보자.

이해란
- 사실을 연결하는 것, 새로 획득한 정보와 이미 알고 있는 것을 연관시키는 것, 지식의 조각을 통합적이고 응집성 있는 전체로 엮는 것
- 생각, 아이디어 및 정보를 연관 짓거나 연결하여 일관된 전체를 형성하는 것

이해란 '**응집성 있게 연결하는 것**'이라고 말할 수 있다. 팀의 구성원들

이 강하게 결집하고 협력할 때 '응집력[22]이 강하다'고 말하지 않는가? 앞에서 글의 틈을 메우는 질문을 통해 글을 깊이 이해하면 다양하게 '연결'된다는 것을 알 수 있었다. 많은 연결을 통해 마치 팀원이 서로 끈끈히 응집하듯 글도 응집성을 가지게 된다. 따라서 '얼마나 잘 이해했는가?'를 '얼마나 응집성 있게 연결했는가?'로 바꿀 수 있다.

글이란 서로 무관한 내용들이 모여 있는 것이 아니라, 어떤 메시지를 전하기 위해 함께 노력하는 내용들로 구성된 하나의 팀이다. 따라서 문장 하나하나를 따로따로 이해하는 것보다 전체를 염두에 두면서 읽으면 훨씬 더 잘, 깊이 이해할 수 있다.

다음 글의 내용을 '응집성 있는 전체로 엮을 수 있도록' 노력하면서 읽자. 다 읽은 뒤에는 글을 다시 읽지 않고 내용을 정리하여 적어보자.

최근 기후 변화로 인한 자연재해가 빈번하다. 예를 들어, 해수면 상승으로 인해 해안 지역의 홍수 피해가 증가하고 있다. 많은 섬나라들이 물에 잠길 위기에 처해 있다. 이러한 현상은 지구 온난화로 인한 빙하의 급격한 해빙 때문이라고 전문가들은 말한다. 이로 인해 북극곰과 같은 야생 동물의 서식지도 위협받고 있다. 기후 변화는 또한 농업에 큰 영향을 미친다. 가뭄과 홍수가 반복되면서 농작물 수확량이 줄어들고 있다. 이는 식량 가격의 상승으로 이어져 많은 사람들에게 경제적 부담을 준다. 많은 나라들이 기후

---

22 어떤 단체나 조직에 속하는 구성원들을 통합하는 힘. 글의 의미들도 서로 통합하는 속성이 있다.

변화에 대응하기 위한 정책을 마련하고 있다. 재생 가능 에너지 사용 확대와 탄소 배출 감축이 그 예다. 하지만 이러한 노력에도 불구하고 기후 변화의 속도는 점점 빨라진다. 따라서 우리는 더 적극적인 대응이 필요하다. 기후 변화는 단순히 환경 문제를 넘어 인류 전체의 생존과 직결된 문제이기 때문이다.

_____

_____

_____

_____

이 글은 기후 변화가 단순한 환경 문제가 아니라 인류 생존의 문제임을 강조하고 있다. 따라서 글 전체를 응집성 있게 이해하려면 기후 변화의 심각성과 그에 따른 다양한 영향을 파악하고, 이를 해결하기 위한 현재의 노력과 한계를 모두 고려하면서 주된 생각을 정리해야 한다.

이 글은 기후 변화의 영향을 다루고 있으므로, 독자가 기후 변화 및 그 영향에 대해 기본적으로 알고 있어야 한다. 예를 들어, '해수면 상승'이 어떤 환경적 요인으로 인해 발생하는지, 또는 '빙하 해빙'이 왜 일어나는지에 대한 이해가 필요하다. 또한, '북극곰의 서식지 위협'이나 '농작물 수확량 감소' 등이 기후 변화로 인한 다양한 영역에서 나타나는 현상임을 알 수 있어야 한다.

즉, 여러 정보들 간의 인과관계를 파악하는 것이 중요하다. 예를 들어, 해수면 상승이 빙하 해빙 때문이라는 설명이나, 가뭄과 홍수가 반복되는 것이 농작물 수확량 감소로 이어진다는 인과관계를 마음속에서 논리적으로 연결해야 한다. 또한, 글의 흐름을 따라가면서 어떤 대처 방안이 제시되고 있는지, 그럼에도 불구하고 해결이 쉽지 않은 이유가 무엇인지 계속해서 추론하며 읽을 필요가 있다.

4.

화제와 중심생각은
응집성의 구심점

 글을 잘 이해하려면, 곧 마음속에 응집성 있게 연결된 이해에 도달하려면 화제(topic)와 중심생각(main idea)의 개념이 매우 유용하다. 화제란 글이 설명하거나 언급하는 대상이다. 즉, 무엇에 관하여 말하고 있는가를 나타내는 것이다. 따라서 독자는 글의 화제를 파악하면 마음속에 무엇에 관한 의미를 구성할지 정할 수 있다. 화제를 잘 파악하면 이해의 초점을 맞추는 데 성공한 셈이다.

 능숙한 독자는 미숙한 독자보다 상대적으로 화제를 더 일찍, 더 정확하게 파악하는 경향이 있다. 미숙한 독자는 화제를 늦게 파악하거나, 너무 넓게 파악하거나, 화제를 파악하려는 노력을 하지 못하는 경우가 많다. 따라서 설명적인 글을 이해하려면 화제가 무엇인지를 파악하려는 읽기 연습이 필요하다. 만약 어떤 사람이 강의를 시작할 때 이렇게 말한다면 청자는 무엇을 알 수 있을까?

"저는 계속해서 문해력과 문해력을 어떻게 향상시킬 수 있는가에 대해 이야기합니다."

이 말을 통해 강의의 화제가 '문해력 및 문해력 향상 방법'임을 알 수 있다. 그러므로 청자는 문해력이 무엇인지, 문해력을 어떻게 향상시킬 수 있는지에 초점을 맞춰 강의를 들으면 된다. 그러나 이렇게 직접적으로 화제를 말해주는 경우도 있지만, 독자가 스스로 화제를 파악해야 하는 경우도 있다. 다음의 글이 그 예다.

문해력은 글을 읽고 이해하며 그 내용을 바탕으로 사고하고 판단하는 능력을 말합니다. 이는 단순히 글자를 해독하는 것을 넘어, 글의 의미와 맥락을 파악하고 주제와 세부 내용을 연결 지어 이해하는 능력입니다. 문해력은 학습과 의사소통의 기본이 되며, 전반적인 지적 활동의 토대가 됩니다.
문해력을 향상시키는 한 가지 방법은 '다독과 정독'입니다. 다독은 다양한 종류의 글을 많이 읽는 것을 의미합니다. 다양한 주제와 장르의 글을 읽으면 어휘력과 배경지식이 풍부해지고, 다양한 표현 방식에 익숙해집니다. 정독은 한 글을 깊이 있게 읽는 것을 뜻합니다. 정독을 통해 글의 구조와 논리를 파악하고, 주제와 중심생각을 명확히 이해할 수 있습니다. 이 두 가지를 병행하면 독해 능력과 이해력이 크게 향상됩니다. 꾸준한 독서 습관을 통해 다독과 정독을 실천해 나가면 문해력은 자연스럽게 발전하게 됩니다.

이 글은 '문해력 그리고 문해력 향상 방법으로서 다독과 정독'에 관해 말하고 있다. 이것이 화제이다. 하지만 화제는 글 전체를 포괄하는 요약적인 내용을 제공하지 않는다. 화제는 단지 '무엇에 관한 글인가?'를 알려줄 뿐이다. '무엇에 관하여 뭐라고 하는지'가 포함되어야 글 내용을 요약했다고 말할 수 있다. 이렇게 화제에 관한 설명을 요약한 것을 중심생각이라고 한다.

◆ 중심생각 = 화제 + 화제에 대한 설명

이 개념을 너무 형식적으로 고집할 필요는 없지만, 화제와 중심생각은 독자가 글을 읽으며 이해를 심화시키는 데 중요한 도구가 된다. 화제를 파악하면, 이해해야 할 대상을 분명히 알 수 있다. 이를 통해 글을 읽는 목표를 명확히 정할 수 있다. 또한, 화제에 대한 설명을 통합하여 중심생각을 파악하면 글 전체의 내용을 응집성 있게 연결할 수 있다. 화제와 중심생각은 글 속 여러 정보를 응집성 있게 묶는 구심점 역할을 한다.

화제와 중심생각의 개념을 읽기에 적용하기

* 초반에 화제를 파악하려고 노력하자.
* 화제를 파악했다고 생각하면 그에 관한 설명을 이해하는 데 집중하자.
* 화제에 관한 설명을 마음속에서 응집성 있게 통합하자.

〈예시〉

우리 주변에는 다양한 유형의 쓰레기가 있다. 이 중에서도 플라스틱 쓰레기는 환경에 가장 심각한 영향을 미친다. 플라스틱은 분해되기까지 수백 년이 걸려 자연 속에 오랫동안 남아 생태계를 오염시킨다. 특히 해양에 버려진 플라스틱은 물고기와 새 같은 동물들이 먹이로 착각해 삼키면서 그들의 건강을 위협한다. 이러한 플라스틱 쓰레기는 동물의 소화 기관을 막아 생명을 잃게 하기도 한다. 또한, 미세 플라스틱으로 분해된 후에는 해양 생물의 몸속에 축적되어 결국 인간에게까지 영향을 미친다. 플라스틱 쓰레기는 토양에도 악영향을 준다. 땅에 묻힌 플라스틱이 흙의 질을 떨어뜨리고, 식물의 생장에도 부정적인 영향을 끼친다. 이러한 문제를 해결하기 위해 사람들은 플라스틱 사용을 줄이거나 재활용을 늘리는 노력을 하고 있다. 결국, 플라스틱 문제는 우리가 미래 환경을 위해 반드시 해결해야 할 중요한 과제다.

화제 : 플라스틱 쓰레기가 환경에 미치는 해로운 영향

중심생각 : 플라스틱 쓰레기가 환경에 미치는 해로운 영향에는 어떤 것들이 있으며, 이를 해결하기 위해 어떤 노력이 필요한지를 다루고 있다.

연습하기

다음 글의 내용을 응집성 있는 전체로 엮을 수 있도록 노력하면서 읽는다. 읽은 뒤 글을 다시 읽지 않고 화제와 중심생각을 적는다.

1.

코로나19 팬데믹은 전 세계 교육 시스템에 큰 변화를 가져왔다. 많은 학교들이 문을 닫고 온라인 수업으로 전환했다. 이에 따라 학생들은 집에서 학습하는 것이 일상이 되었다. 그러나 모든 학생이 온라인 학습에 접근할 수 있는 것은 아니었다. 특히 저소득 가정의 학생들은 인터넷과 컴퓨터 부족으로 어려움을 겪었다. 이로 인해 교육 격차가 더욱 심화되었다. 교사들도 새로운 교수법을 익히느라 많은 어려움을 겪었다. 대면 수업에서 얻을 수 있는 상호작용의 부족은 학생들의 학습 동기에도 영향을 미쳤다. 일부 학생들은 집중력 저하와 정신 건강 문제를 겪기도 했다. 팬데믹이 끝난 후에도 온라인 학습의 중요성은 계속될 것으로 보인다. 많은 학교들이 하이브리드 교육 방식을 도입하고 있다. 이는 온라인과 오프라인 수업을 병행하는 형태다. 이러한 변화는 교육의 디지털 전환을 가속화한다. 그러나 교육의 본질인 인간적인 상호작용의 중요성도 잊지 말아야 한다.

화제는 무엇인가?

_____

중심생각은 무엇인가?

_____

글의 내용을 얼마나 응집성 있게 잘 정리했는지 글을 다시 보면서 확인한다.

2.

최근 몇 년간 전기 자동차(EV)에 대한 관심이 급증하고 있다. 전통적인 내연기관 자동차와 달리 전기차는 배기가스를 배출하지 않는다. 이는 대기 오염을 줄이고 기후 변화에 대응하는 데 중요한 역할을 한다. 많은 나라들이 전기차 보급을 위해 보조금과 세제 혜택을 제공하고 있다. 전기차의 주행 거리가 늘어나고 충전 인프라가 확충되면서 소비자들의 관심도 높아지고 있다. 그러나 여전히 전기차 보급에는 몇 가지 장애물이 존재한다. 대표적인 문제는 충전 시간과 충전소의 부족이다. 또한 전기차의 초기 구매 비용이 높은 것도 소비자들에게 부담이 된다. 자동차 제조사들은 이러한 문제를 해결하기 위해 배터리 기술 개발에 많은 투자를 하고 있다. 배터리 효율이 높아지고 생산 비용이 감소하면 전기차의 가격도 내려갈 것이다. 전기차는 단순히 교통수단을 넘어 지속 가능한 미래를 위한 중요한 요소로 자리 잡고 있다. 따라서 정부와 기업, 소비자가 함께 협력하여 전기차 생태계를 조성해 나가야 한다.

화제는 무엇인가?

_____

중심생각은 무엇인가?

_____

　글의 내용을 얼마나 응집성 있게 잘 정리했는지 글을 다시 보면서
확인한다.

1. 화제와 중심생각을 파악하며 선택한 책 일부를 읽는다.

2. 읽은 내용을 정리한다. 필요하다면 여러 번 읽으면서 정리한다.

- ◆ 책의 내용이 어떻게 짜임새 있게 연결되어 있는지 살펴본다.

3. 책의 새로운 부분을 읽는다.

- ◆ 마음 읽기, 이해를 목표로 읽기, 적극적으로 추론하기를 한다.
- ◆ 내용의 짜임새를 염두에 두고 읽는다.

4. 응집성 있게 잘 이해했다고 평가할 수 있는 경험을 독서일지에 기록한다.

부록

능숙한 독자와
이해도 점검

　능숙한 독자는 글을 읽으면서 자신이 어느 정도로 이해했는지 살피고, 원하는 만큼 이해하려면 어떻게 해야 할지를 결정한다. 자신의 이해를 점검하는 것을 이해도 점검(comprehension monitoring)이라고 한다. 책 앞부분에서 이미 소개한 개념이다. 또한, 얼마나 이해했는지 점검하면서 더 잘 이해하기 위해 필요한 조치를 취하는 것을 스스로 조절하기(self-regulation)라고 한다.

　쉬운 글이나 익숙한 글을 읽을 때는 이해도 점검과 읽기 조절을 전혀 하지 않는 것처럼 느껴질 수 있다. 그러나 한 번에 이해되지 않거나 집중해서 읽어야 하는 글을 읽는 경우, 자신이 이해도 점검과 읽기 조절을 하고 있음을 인식할 수 있다. 읽기 조절에는 두 가지 측면이 있다.

- ◆ 외적 조절: 읽는 속도를 조절하거나, 멈춰서 읽기, 다시 읽기, 자료를 찾아보기 등 관찰 가능한 행동.
- ◆ 내적 조절: 마음속에서 이해하는 방법을 조절하는 것. 이는 앞서 다룬 추론이나 응집성 있게 연결하기와 같은 방법들

더 잘 읽으려면, 자신이 얼마나 이해했는지 관찰하고 그에 따라 필요한 조치를 취할 수 있어야 한다. 처음 직립보행 로봇을 개발할 때 단순히 사람의 근육을 대신할 모터를 다리에 장착하고 시운전을 했다고 한다. 그러나 로봇은 균형을 잡지 못해 넘어졌다. 이는 로봇이 걷는 동안 균형을 감지하고 몸을 조정하는 능력이 없었기 때문이다. 사람은 단순히 근육으로만 걷는 것이 아니라 끊임없이 균형을 잡으면서 걷는다. 글을 읽을 때도 마찬가지다. 이해가 어려운 문제에 직면했을 때, 마냥 읽다가는 "왜 이해가 안 되지?"라며 멈출 수밖에 없다. 이때 무엇이 어려운지, 무엇을 근거로 생각할지를 살필 수 있어야 한다.

축구에서 전술은 특정 상황에서 골을 넣기 위한 계획이다. 하지만 상대방과의 경기 상황을 완벽히 예측할 수는 없다. 대신, 준비한 전술을 적절한 상황에서 적용하고, 그때그때 임기응변해야 한다. 독서에서도 비슷한 일이 일어난다. 글을 읽으면서 "지금은 어떤 상황이지?", "앞의 내용과 연결할 수 있는 부분이 무엇이지?", "내가 이해한 바를 토대로 무엇을 해야 하지?"와 같은 질문을 통해 상황에 맞는 이해 전

략을 적용한다. 독자는 이해 상태를 점검하고 필요에 따라 조치를 취하며, 마침내 글을 이해하는 데 성공한다.

앞에서 '독서는 글이 아니라 나를 읽는 것'이라고 언급했다. 이는 곧 '자신이 얼마나 이해했는지 점검하는 것'이다. 점검을 통해 필요한 만큼 이해하기 위해 의도적이고 전략적으로 읽기를 조절해야 한다. 지금까지 여러분이 글을 읽고 이해한 바를 기록하도록 한 이유도 자신의 이해를 점검하고 조절하는 연습을 돕기 위해서다. 이해, 추론, 응집성 있게 연결하기와 같은 이해 원리를 배우고 적용하며, 스스로의 읽기 과정을 관찰하길 권한다.

글에 명시적으로 드러난 의미는 별다른 생각 없이 바로 알 수 있다. 예를 들어, '하늘에 먹구름이 가득하다'는 말은 하늘에 먹구름이 있다는 명시적 정보를 제공한다. 그러나 '비가 오겠군'이나 '우산을 가져가야겠어'라는 생각은 글에 명시적으로 적혀 있지 않지만, 추론을 통해 자연스럽게 떠오른다. 이러한 추론은 너무 자연스럽기 때문에 독자는 마치 글에 적혀 있는 것처럼 느낄 수도 있다. 이를 굳이 구분하려고 애쓸 필요는 없다. 다만, 글을 읽는 중에 자신이 어떤 생각을 만들어냈는지, 그때그때 돌아보는 연습이 필요하다.

다음에는 짧은 글이 있다. 자신이 어떻게 상황을 이해하는지 알 수 있도록 문장과 문장 사이에서 잠시 멈춰서 자신의 마음을 들여다본다. 마지막 문장까지 다 읽은 후 인물과 주변의 상황을 세세하게 말로 설명한다. 다 읽은 후에는 책에서 눈을 떼고 마음속에 그려진 상황을 설명한다.

> 경철이는 테이블에 가방을 내려놓다가 화병을 건드렸다.(마음보기) 화병은 바닥으로 떨어지고 말았다.(마음보기) 그는 황급히 청소도구를 가지러 갔다.(마음보기)

책에서 눈을 떼고 상황을 적는다.

_____

_____

경철이 왜 청소도구를 가지러 갔는지 설명했는가? 만약 했다면 화병이 깨졌기 때문이라고 생각했을 것이다. 글에는 그런 내용이 없었는데 어떻게 그렇게 생각한 것일까? 추론을 했기 때문이다. 화병은 보통 유리나 사기 등으로 만들어졌기 때문에 깨질 수 있다는 걸 알고 있었다. 이런 배경지식 덕분에 떨어졌을 때 깨졌을 것이라고 추론을 할 수 있었다. 만약 화병이 떨어졌을 때 경철이 화병을 주워 올렸다고 하면 아마도 여러분은 "안 깨졌네?"라고 의아해 할지도 모른다. 배경지식과 맞지 않기 때문이다.

이번에는 청소도구에 대해 이야기해 보자. 경철이 가져온 청소도구는 무엇이라고 적었는가? 적지 않았다면 무엇이라고 생각하는가? 대부분 빗자루, 쓰레받기라고 답을 한다. 평소에 빗자루를 사용하지 않음에도 불구하고 압도적으로 빗자루라고 답을 한다. 왜냐하면 화병이 깨진 파편은 전기청소기가 흡입하기에는 너무 크기 때문이다. 이것 역시 배경지식으로부터 추론한 것이다. 상황을 설명했을 때 '아마 빗자루를 가져왔을 거야.'라고 설명을 했는가? "청소도구는 무엇이라고 적었는가?"라고 질문했을 때 비로소 빗자루라고 답을 했는가? 경철이 빗자루를 가져왔다고 적었다면 자신의 마음속에 어떤 생각이 있는지 잘 아는 사람이다. 거울을 보듯 자신의 생각을 읽을 수 있도록 노력하자.

소리내어 생각하기

읽으면서 자신의 생각을 점검하기를 연습하는 방법 중 하나로 '소리내어 생각하기(Think aloud)'[23]라는 방법이 있다. 이는 혼잣말을 하듯 책을 읽으면서 모든 생각을 말로 표현하는 것이다. 아니, 더 정확히는 말하면서 생각을 하는 것이다. 이 방법을 사용하면 '내가 지금 어떤 생각을 하고 있는지'를 알 수 있고, 생각에 생각을 더할 수 있다. 스

---

23 사고구술 전략이라고도 한다. 메타인지 능력을 길러주는 것으로 알려져 있다.

스로에게 질문하고 답하며, 그때그때 떠오른 생각을 기억하기도 쉬워진다. 중요한 점은 글에 쓰여있는 것을 소리내어 읽는 것이 아니라, 글을 읽을 때 마음에 떠오르는 생각을 말하는 것이다. 자동적으로 떠오른 생각과 의식적으로 이끌어낸 생각 모두를 말로 표현하며, 이를 통해 자신의 이해 과정을 점검하고 더욱 풍부한 사고를 할 수 있다.

독서에 적용하기

1. '소리내어 생각하기'를 하면서 선택한 책을 읽는다.

2. 지금까지 연습했던 것을 적용한다.

- ◆ 생각한 바를 말하면서 스스로 피드백(feedback)을 한다.
- ◆ '소리내어 생각하기'를 하면서 녹음을 하는 방법도 있다. 녹음 후 음성을 글자로 바꿔주는 앱을 사용하여 글로 읽어보면 자신의 생각을 돌아볼 수 있다.

책을 마치며

여러분은 이해에 도달하는 데 필수적인 다섯 가지 요소를 학습했다. 연습하고 독서에 적용함으로써 설명만 들은 것보다 훨씬 잘 알게 되었을 것이다. 만약 책의 처음으로 돌아가서 다시 읽는다면 이전보다 더 깊이 이해하고, 더 잘 할 수 있을 것이다. 또다시 읽고 연습하고 독서에 적용하면서 처음 기록한 것을 살펴보기 바란다. 한 단계 성장한 독자가 되었음을 알게 될 것이다.

언제까지 활자만 읽을 것인가?
계속해서 성장 없이 머무를 것인가?

당신을 바꿀 문해력의 핵심 5가지

1. 어휘
어휘력이란 단순히 단어를 많이 아는 것이 아니다. 단어에 대한 지식을 바탕으로 문맥 속에서 처리하는 능력까지 포함이다.

2. 독서
책은 지식을 얻기 위한 것이지만, 마음을 읽는 것이 중요하다. 글뿐 아니라 글을 읽는 자기 자신에도 집중한다는 뜻이다.

3. 이해
이해는 단순히 활자로 나열된 문장의 의미를 받아들이는 것이 아니다. 이해는 연결이다. 단어와 단어, 문장과 문장, 흐름을 연결하여 의미를 구성하는 것이다.

4. 추론
문장에서 언급되지 않은 내용을 어떻게 잡아챌 것인가? 글쓴이가 굳이 밝히지 않는 행간의 내용을 어떻게 알아낼 것인가? 추론을 통하면 읽기가 훨씬 풍부해진다.

5. 응집성
글을 다 읽고도 내용을 기억하지 못한 때가 있는가? 남에게 내용을 전하거나 요약하기 어려울 때가 많은가? 그렇다면 응집성에 주목하라. 응집성은 글 전체를 아울러 이해하기 위해 반드시 알아야 할 개념이다.

미다스북스가 신인작가님들의 두드림을 기다리고 있습니다!
여러분이 품고 계신 꿈을 들려주세요!
그 꿈에 날개를 달아 드리겠습니다.

투고메일 midasbooks@hanmail.net

고성룡(서울대학교 심리학과 교수)

chatGPT와 같은 AI 시스템의 독서는 몇 단어를 벡터로 바꾸고 다음 단어를 생성해서 단어들 사이 가깝고 먼 관계를 조정하는 훈련 과정이다. 이에 반해 사람의 독서는 망막에 글자상이 맺히면, 어휘, 문법, 세상사 지식을 총동원하여 글의 의미와 의도를 파악하는 복잡한 과정이다. 이 책은 이 복잡한 과정을 무겁지 않게 풀어 쓴 친절한 안내서여서, 사람의 독서 과정 혹은 이를 바탕으로 AI 시스템의 발전에 관심이 있는 독자에게 유익할 것이다.

조병영(한양대학교 국어교육학과 교수, EBS〈당신의 문해력〉, tvN〈유 퀴즈 온 더 블럭〉 등 출연)

어른이 되어서도 글 읽는 일이 어려우면 마음이 힘들어진다. 마음이 힘들면, 배우고 싶어도 쉽게 몸이 움직이지 않는 법이다. 이 책은 글 읽는 힘, 문해력에 관하여 어른에게도 '성장'이 필요하다고 전제한다. 성장은 머리와 마음, 몸이 함께 자라고 움직여야 온전하다. 저자는 성인 문해력에 관한 개별 맞춤 노하우를 실천해 온 읽기 컨설턴트이자, 그런 노하우를 과학적으로 정교하게 설명할 수 있는 문해력 연구자이다. 책과 글을 다루는 능력, 목표, 전략, 이해, 그리고 마음까지! 이제 저자가 안내하는 성장의 길에 당장이라도 당신의 글 읽는 마음을 맡기지 않겠는가.

이경재(군포고등학교 교사, 2022 개정 교육과정 「독서와 작문」 집필)

이 책은 단순히 많은 단어를 아는 것이 아닌 세상을 읽어내는 사고력을 키우는 것이야말로 문해력의 본질이며 더 실용적인 작업임을 알려준다. 교사와 학습자, 학부모 모두에게 '제대로 읽는 것'이 무엇인지 고민하는 소중한 시간을 선물할 것이다.

조국환(케이디엔파트너스 대표변호사)

LEET 수험생들에게 필수적이지만, 다수를 상대하는 학원이 제공하기 어려운 부분을 정확히 짚었다고 생각됩니다. 결국 시험의 핵심은 문해력이고, 이 책은 그 근원적인 부분에 큰 도움이 될 내용들을 담고 있습니다. 좀 더 일찍 이런 서적이 있었다면 좋았겠다는 생각이 드네요!

03190

값 18,500원
ISBN 979-11-7355-159-8
9 791173 551598